역사
고전으로
만나는
주몽, 동명왕

역사
고전으로
만나는
주몽, 동명왕

김호숙　마석한 지음

주몽! 우리 역사에서 가장 넓은 영토를 다스렸던 고구려를 건국
한 역사적 인물이다. 그를 부르는 호칭은 다양하다. 주몽을 비롯해
서 추모, 추모왕, 중해, 고주몽, 동명왕, 동명성왕, 동명제 등 나라
에 따라 시기에 따라 여러 이름으로 불렸다. 주몽은 서기전 58년에
태어나 22세의 나이로 고구려를 세웠다. 이때가 서기전 37년이었
다. 사서(史書)에는 고구려를 '고려'라고 줄여서 기록하기도 하였다.
주몽은 19년간 왕으로서 고구려를 일구고 다스리다가 서기전 19년
40세의 나이로 사망하였다. 맏아들 유리가 왕위를 계승하면서 고주
몽으로부터 시작한 고구려 왕조는 700여 년간 이어졌다.

주몽의 출생과 고구려 건국에 관해서는 신비로운 이야기들이 전
해져 오지만, 남겨진 기록은 많지 않고 그나마 자세하지도 않다. 전
하는 내용을 모두 모아도 그에 대한 실체와 초기 고구려의 모습이
제대로 드러나질 않는다. 고구려를 건국한 왕이라는 점은 모든 기
록이 공통적으로 언급하고 있지만, 그 과정에 대해서는 단편적일
뿐만 아니라 조금씩 다르게 기록하고 있다.

동명성왕 주몽은 한국 고대사를 이해하는데 중요한 역사적 인물
이고, 그에 대한 기록은 사료(史料)로서 큰 가치를 지닌다. 그런데
전해오는 기록은 모두 한문으로 되어 있어 '한글세대'가 직접 읽기
어려운 까닭에 늘 번역본으로만 소개되었으며, 그 내용 대부분은
주로 아이들의 위인전이나 동화책에서 재미있고 신기한 옛 이야기

로 소비되어 왔다. 그러나 주몽이 일으킨 고구려는 705년 동안 왕조를 이어왔고, 훗날 왕건이 고구려를 계승하여 나라 이름을 '고려(高麗)'로 지을 만큼 영향이 컸다. 대한민국이 영문으로 'KOREA'인 것도 고구려라는 이름에서 시작된 것이다. 주몽이 세운 고구려는 우리 역사의 뿌리로써 오늘까지 면면이 이어 오고 있는 것이다. 이렇듯 주몽은 위대한 역사 인물임에도 불구하고 그에 대한 올바른 이해와 역사적 의미가 널리 알려지지 못하고 있는 듯하여 안타깝다.

이 글은 다양하게 각색되어 전달되고 있는 동명왕 이야기의 출처를 모두 모아 소개하고자 준비하였다. 그에 대해서 지금까지 전해지고 있는 기록은『광개토대왕릉비문』,『삼국사기』,『동국이상국집』,『삼국유사』와『제왕운기』등에 담겨 있다. 이 다섯 종류의 사료(史料)를 독자들이 직접 읽어보면서 비교해보고 종합해서 동명왕이라는 인물과 당시 역사 상황을 폭넓게 이해할 수 있도록 구성하였다.

동명왕에 대한 옛 기록은 모두 한문으로 되어 있어 원전을 읽기가 쉽지 않다. 한글세대에게 한문으로 된 원전은 영어로 된 원서를 읽는 것보다 더 어려울 것이다. 그래서 이 글에서는 먼저 원전의 내용을 한글로 풀어서 자세하게 소개하였다. 원문은 대체로 '누가 무엇을 했다' 식으로 짧게 이루어져 있고, 우리에게는 어렵고 생소한 용어들이 많이 있다. 사람이름인 경우 그가 어떤 인물인지 알기 어렵고, 한자용어는 그 내용을 파악하기 쉽지 않다. 그런 경우에는 보충 설명을 하였다. 원문에 없는 내용을 추가한 것이 아니라, 내용 파악이 쉽도록 상세한 설명을 덧붙였다.

한글로 내용을 설명한 다음에는 사료(史料) 원문을 제시했고, 한자 하나하나에 음을 달고 그에 대한 번역을 실었다. 한자 원문과 한글풀이를 한 눈에 비교할 수 있게 하였다. 이어서 음과 뜻풀이 없이 사료 자체를 그대로 실어 선조들이 기록한 옛 글의 모습을 직접 마주할 수 있도록 하였다. 마지막으로 동명왕에 대한 기록을 담고 있는 『광개토대왕릉비문』과 『삼국사기』, 『동국이상국집』, 『삼국유사』와 『제왕운기』 등에 대하여 간략한 소개를 더하였다.

동명왕에 대한 이야기는 조선시대에도 언급되고 있지만, 조선의 기록은 고려시대에 지어진 『삼국사기』, 『동국이상국집』, 『삼국유사』와 『제왕운기』 등의 내용에서 크게 벗어나지 않는다.

이제 여러 사료(史料)를 직접 마주하면서 각색되지 않은 있는 그대로의 동명왕을 살펴보면서 그동안 알고 있던 내용과 비교해보고, 보충 설명을 바탕으로 역사적 인물과 배경에 대한 이해를 넓혀나갔으면 한다. 여러 사료를 서로 꿰어 맞추면서 주몽을 단순히 동화속

주인공을 넘어 우리 역사를 이해하는데 반드시 필요한 중심인물로 자리 잡았으면 한다. 주몽에 대해 새롭고 깊이 있는 연구를 기대하고, 인간이 역사를 어떤 방식으로 이해해왔으며, 자신의 경험을 왜 그리고 어떻게 기록으로 남겼는지 생각해볼 수 있는 시간이 되었으면 한다.

※ 원문을 소개하는 부분에서 사용한 '괄호(   )'는 독자들의 이해를 돕기 위해 저자가 부연 설명한 것이다.

※ 『삼국사기』와 『삼국유사』 부분에서 사용된 '기호 ≪※≫'는 독자의 내용 파악을 돕기 위해 저자가 문맥이나 역사적 배경에 대해서 보충한 글이다.

※ 원문을 소개하는 과정에서 글씨체가 '*기울임(사선)*'으로 된 부분은 사료를 쓴 원저자가 표시한 주(注)를 따로 구분한 것이다.

차 례

끝내는 말

1부 광개토대왕릉비문
(廣開土大王陵碑文)

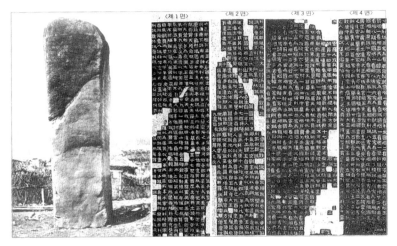

<출처> 한국고중세사사전/미술대사전(용어편)

광개토대왕릉비

추모왕께서 나라를 세우시다

옛날, 우리나라 고구려를 처음 세운 왕은 추모왕이시다. 왕은 원래 북부여에서 태어나신 분이다. 왕의 아버지는 하늘의 왕이시며, 어머니는 물의 왕 하백의 따님이시다. 하백의 따님께서 임신하여 아이를 낳았는데, 처음에 태어나실 때 모습은 사람 아기가 아닌 알로서 태어나셨다. 하백의 딸이 낳은 것은 알이었다. 얼마 후 사내아이가 스스로 껍데기를 깨고 알에서 나왔는데, 우리나라 고구려를 세우신 추모왕은 이렇게 태어나실 때부터 남다르고 신비하고 성스러웠으니 이미 왕의 덕을 지니고 태어나신 것이었다.

왕이 청년이 되자, 하늘에서 명을 내렸다. 이제 태어나서 자란 부여를 떠나 새 나라를 세울 때가 되었다는 것이었다. 이에 왕이 길을 떠나며 수레를 남쪽으로 몰았다. 그 길 끝에는 엄리대수가 흐르고 있었다. 왕이 강을 건너 새로운 땅으로 가고자 하는데, 강가에는 다리도 없고 배도 놓여 있지 않았다. 주위를 둘러본 왕이 강가 나루터에서 크게 외쳤다.

"나는 추모왕이다. 나의 아버지는 하늘임금이시며, 나의 어머니는 하백의 따님이시다. 나를 위하여 갈대를 연결하고 거북이를 띄워라!"

추모왕의 말이 끝나자마자 왕의 소리에 응하여 이내 갈대가 이어지고, 거북이가 떠올라 엄리대수를 가로지르는 다리가 놓여졌다. 왕이 그 다리를 건넜다.

강을 건너 도착한 곳은 산과 골짜기가 특히 많은 비류라는 곳이었다. 비류 땅 이곳저곳을 두루 살펴보던 왕은 홀본(졸본)이 도읍을 세우고 나라를 건설하기에 적당하다고 보았다. 왕은 홀본 땅 서쪽 산에 성을 쌓아 도읍을 건설하고 나라 이름을 고구려라고 널리 선포하였다.

하늘임금의 아들이신 추모왕은 그러나 홀본 땅에 새로 세운 고구려 왕위에 오래도록 계시는 것을 즐기지 않으시니, 하늘이 왕의 뜻을 아시고 황룡을 내려보내셨다. 왕께서 홀본 동쪽의 산등성이에 오르셔 친히 황룡을 맞이하시더니 용의 머리에 올라타셨다. 황룡이 왕을 모시고 하늘로 올라갔다.

왕의 맏아들 유류(유리)가 왕위를 이어 고구려의 제2대 왕이 되셨다. 훗날 유리명왕이라는 시호로 불리는 분이다. 유류왕은 추모왕의 뜻을 받들어 올바른 이치와 도리로 고구려를 돌보았다.

惟昔始祖 鄒牟王之創基也 出自北夫餘
유석시조 추모왕지창기야 출자북부여

옛날에 시조 추모왕께서 나라를 처음 세우셨다. 왕은 북부여 출신이다.

天帝之子 母河伯女郎
천제지자 모하백여랑

왕은 하늘임금의 아들이고, 어머니는 하백의 따님이시다.

剖卵降出生子有聖德
부란강출생자유성덕

알을 깨고 태어나시니, 태어날 때부터 이미 성스러움과 덕을 지니셨다.

□□□□□命駕 巡車南下路 由夫餘奄利大水
□□□□□명가 순차남하로 유부여엄리대수

(하늘의) 명을 받들어 수레를 남쪽으로 몰아, 부여의 엄리대수에 이르셨다.

王臨津言曰 我是皇天之子 母河伯女郎 鄒牟王

왕임진언왈 아시황천지자 모하백여랑 추모왕

왕이 나루터에서 말하기를, "나는 하늘임금의 아들이요, 어머니는 하백의 따님이신 추모왕이다."

爲我連葭浮龜 應聲卽爲連葭浮龜 然後造渡

위아연가부구 응성즉위연가부구 연후조도

"나를 위하여 갈대를 연결하고 거북이를 띄워라." 그러자 왕의 소리에 답하여 즉시 갈대가 연결되고 거북이가 떠올랐다. (다리가 만들어진) 그 후에 강을 건넜다.

於沸流谷 忽本西城山上而建都

어비류곡 홀본서성산상이건도

강을 건너 도착한 곳은 비류인데 그곳은 골짜기가 많은 지역이었다. 비류 땅 홀본(홀본=졸본)의 서쪽 산 위에 성을 쌓고 도읍을 건설하였다.

焉永樂世位 遣黃龍來下迎王

언영락세위 견황룡래하영왕

아, 그러나 어찌 왕위에서 긴 세월을 즐기겠는가, (하늘이) 황룡을 내려보내 왕을 맞이하게 하였다.

王於忽本東岡 黃龍頁昇天

왕어홀본동강 황룡혈승천

왕이 홀본(졸본) 동쪽 산등성이에서 황룡의 머리에 올라 하늘에
오르셨다.

顧命世子儒留 王以道興治

고명세자욱륙 왕이도여치

맏아들인 태자 유류(유류=유리)가 추모왕의 유언을 받들어 왕위
를 이어받고, 도리에 맞는 정치를 펼치셨다.

◈ 광개토대왕릉비문 중
동명왕 부분 원문

惟昔始祖 鄒牟王之創基也 出自北夫餘 天帝之子 母河伯女郎 剖卵
降出生子有聖德 □□□□□ 命駕 巡車南下路 由夫餘奄利大水 王臨
津言曰 我是皇天之子 母河伯女郎 鄒牟王 爲我連葭浮龜 應聲卽爲連
葭浮龜 然後造渡 於沸流谷 忽本西城山上而建都 焉永樂世位 遣黃龍
來下迎王 王於忽本東岡 黃龍負昇天 顧命世子儒留 王以道興治

◈ 광개토대왕릉비문은

　고구려 제19대 광개토대왕(재위: 391~412)이 서기 412년, 39세라는 젊은 나이로 사망하였다. 고국양왕의 아들 담덕이 18세의 나이로 왕위에 오른 지 21년째 되던 해였다. 왕이 죽자 고구려의 신하들은 담덕왕의 업적을 의논하였다. 그리고 묘(廟)에 헌정하는 묘호(廟號)를　국강상광개토경평안호태왕(國岡上廣開土境平安好太王)이라고 하였다. 왕이 주변의 여러 나라들을 정복하여 나라의 영토를 확장한 업적을 그대로 나타낸 것으로 '땅을 넓히고 나라를 평안하게 한 좋은 대왕'이라는 뜻이다. 대체로 광개토대왕으로 줄여서 부른다. 광개토대왕은 우리나라에서 처음으로 '영락(永樂)'이라는 연호를 사용한 왕이기도 하다. 그래서 재위 시절 영락대왕(永樂大王)이라고 불리기도 하였다. 그만큼 광개토대왕의 시절은 고구려가 대내외적으로 강대한 나라였다.

　광개토대왕의 맏아들인 장수왕이 9세의 어린 나이로 왕좌를 이었다. 장수왕은 곧 부왕의 능을 조성하면서 광개토대왕의 위대한 생애를 비석에 새기게 하였다. 이렇게 세워진 고구려 광개토대왕의 비문이 오늘날까지 전해지게 되었다. 글자가 새겨진 비석의 높이는 약 6.4m로 대략 아파트 건물 2층 정도의 높이이다. 비석은 돌의 자연적인 형태를 그대로 이용한 듯 밑의 너비는 2m 정도인데 위로 갈수록 좁아지면서 대략1.4m 정도이다. 직사각형의 커다란 돌에 앞 뒤와 양옆, 네 면을 이용하여 광개토대왕의 업적을 상세히 기록하였다.

광개토대왕릉비문으로 불리는 이 고구려 유물은 현재 중국 소유로, 중국 땅 길림성 집안현에 있다. 서기 668년 국운을 다한 고구려가 역사에서 사라지면서 고구려 땅이 당시 당(唐)이라는 이름으로 통일국가를 이룩하고 있던 중국에 정복된 까닭이다. 고구려 멸망 이후 7세기부터 19세기까지 광개토대왕릉비는 한국사에서 잊혔다. 19세기 후반 청나라의 힘이 쇠약해지면서 중국 땅이 개방되었고 이에 우리의 광개토대왕릉비가 비로소 알려졌다.

비문 끝부분에는 서기 414년 9월 29일에 왕릉을 조성하면서 세웠다는 정확한 날짜도 밝히고 있다. 비문은 고구려를 처음 세운 시조(始祖) 추모왕, 주몽 이야기로부터 시작한다. 추모왕이 하늘의 자손임을 알리고, 나라를 세운 그의 자랑스러운 행적을 먼저 밝히고 그 후손인 광개토대왕의 위대한 업적을 이어서 적었다. 광개토대왕에 대한 기록은 그가 언제 어느 곳을 어떻게 정복했는지를 보여준다. 비문의 기록 덕분에 4~5세기 고대사의 일면을 파악할 수 있게 되었다. 이 비문에는 우리가 흔히 알고 있는 주몽이라는 이름 대신 추모왕 하나만이 기록되어 있다. 현재 졸본으로 알려져 있는 곳은 홀본이라고 했고, 제2대 유리왕 또한 유류왕이라고 쓰여 있다. 비문에 따르면 주몽은 나라를 세우기 전에 부여에서 이미 자신을 추모왕이라고 부르고 있는 것으로 나타난다. 광개토대왕릉비문에 나타난 시조 추모왕에 대한 기록은 고구려인 스스로가 남긴 것으로 그 가치가 높다. 역사의 기록은 당대인이 남긴 것을 가장 정확하다고 보며 신뢰한다.

주몽이 고구려를 건국하기 이전부터 자신을 왕이라고 불렀다는 기록으로 미루어보면 당시 그 지역을 비롯한 한반도 전역에 있던 여러 작은 나라 가운데 한 곳을 다스렸던 것으로 보인다. 고조선이 멸망한 이후 그 지역을 비롯한 주변 지역에 70여 개의 작은 나라들이 생겼는데, 그 가운데 한 나라를 다스리고 있던 추모왕이 주변 나라들을 정복하면서 고구려를 건국한 것으로 추측할 수 있다. 추모왕과 유류라는 이름은 5세기 무렵 고구려인의 발음을 그대로 적었던 것으로 이후 시간이 흐르면서 주몽, 유리 등으로 변한 것으로 보인다.

2부

김부식의 『삼국사기』

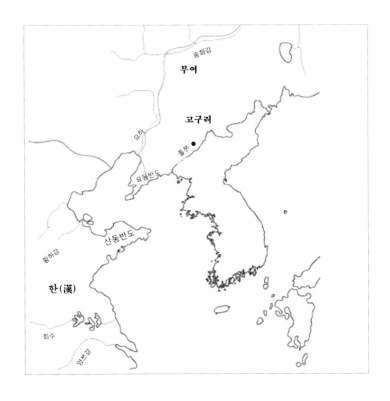

고구려를 세운 주몽, 동명성왕

옛날에 부여라는 나라가 있었다. 그 나라의 임금은 해부루였는데, 나이가 들어 늙도록 아들이 없었다. 왕국에 나라를 이을 후계자가 없었던 것이다. 늙은 해부루왕은 늘 자기 뒤를 이을 아들을 얻게 해달라고 산천(山川)에 기도하였다. 그날도 왕은 아들을 얻게 해달라는 기도를 하기 위해 길을 나섰다. 곤연이라는 곳을 지나는데 갑자기 왕이 탄 말이 더 이상 움직이지 않았다. 말은 마치 발이 땅에 묶인 듯 서서 앞만 보고 울어댈 뿐이었다. 신하들이 놀라 이리저리 말을 살피며 움직여보려고 노력했지만, 말은 앞에 있는 커다란 바위를 바라보며 놀랍게도 눈물을 흘리고 있었다. 왕은 전에 없었던 말의 이상한 행동에 문득 떠오르는 것이 있어 말에서 내렸다. 왕은 말이 바라보고 있는 커다란 바위 앞으로 갔다. 그러고는 신하들을 시켜 바위를 치우도록 하였다. 신하들이 바위를 굴리자 갑자기 눈이 부시도록 찬란한 금빛이 쏟아져 나오더니, 바위 밑에 개구리처럼 웅크리고 있는 갓난아이가 눈에 들어왔다. 해부루왕은 그 신기한 광경을 산천의 신이 베푼 것으로 받아들였다. 아들을 바라는 자신의 기도를 산천의 신이 들어주셨다고 생각한 것이다. 왕은 감격하여 그 자리에서 감사의 제를 올리고, 들뜬 마음으로 아이를 안고 궁으로 돌아왔다.

해부루왕은 아이가 발견된 모습을 떠올리며 아이의 이름을 금와라고 지었다. '금빛 나는 개구리'라는 뜻이다. 아이는 해부루왕의 기대에 어긋나지 않게 성장하였고 이내 태자로 정해졌다. 부여 사람들도 산천이 내려주신 후계자라며 금와를 받들었다.

하루는 해부루왕을 모시는 재상 아란불이 왕을 찾아왔다. 아란불은 지난밤에 하늘의 계시를 들었다며 왕에게 아뢰었다.

"전하, 간밤에 하늘임금님께서 내려오셔서 제게 말씀하시기를, '앞으로 이 땅은 나의 자손으로 하여금 다스리게 할 것이니 너는 이곳을 피하거라' 하셨습니다. 여기서 동쪽으로 가다 보면 가섭원이라는 곳이 있는데, 마침 그곳은 땅이 넓고 기름져 오곡이 다 잘 되는 곳이니 그곳이라면 새 도읍을 세울 만합니다."

재상 아란불이 하늘의 계시가 있으니 도읍을 옮겨야 한다고 해부루왕을 찾아온 것이었다. 해부루왕은 아란불이 권하는 말을 듣고 곧 도읍을 옮겼다. 이때 동쪽으로 이동하여 세운 나라라고 하여 동부여라고 하니, 떠나온 곳은 북부여라고 하였다.

해부루왕이 떠나온 옛 북부여의 도읍지에는 어디서 왔는지 모르는 자가 자신은 하늘의 아들 해모수라고 하면서 북부여의 새로운 왕이 되었다.

한편, 나이가 많았던 해부루왕은 도읍을 옮긴 지 얼마 안 되어 세상을 떠났다. 이에 태자였던 금와가 동부여의 왕위를 잇게 되었다. 어느 날 이제는 동부여의 왕이 된 금와가 부여 지역을 순례하던 중 태백산 남쪽 우발수가에서 한 여인을 만나게 되었다. 금와왕은 사람이 살지 않는 외진 곳에 젊은 여인이 홀로 있는 것이 이상하여 말을 걸었다.

　"그대는 누구요, 무슨 일로 이런 곳에 홀로 있는 것이오?"

　왕이 묻자 여인이 대답하였다.

　"저는 물의 신 하백의 딸 유화라고 합니다. 동생들과 함께 나와서 놀던 중 한 남자를 만났는데, 그는 자신을 하늘의 아들 해모수라고 하면서 저를 웅신산 아래 압록강 근처의 집으로 꾀었습니다. 함께 정을 통하였는데, 그 후로 집을 나가더니 돌아오지 않았습니다. 부모님께서는 제가 부모님의 허락도 없이 낯선 남자를 따라가 함부로 정을 통했다고 꾸짖으시며 이곳 우발수로 귀양 보내셨습니다."

　금와왕은 유화라고 소개한 여인의 말을 그대로 믿어야 할지 망설여졌다. 그러나 물의 신 하백과 그의 딸들에 대해서는 이미 오래전부터 들어 알고 있었으며, 북부여의 새로운 왕 해모수란 이름도 들어본 터였다. 게다가 젊은 여인의 말씨나 품행이 반듯하여 거짓이나 가식으로 보이지는 않았다. 여인의 태도는 사실을 그대로 말하는 느낌이었다. 금와왕은 반신반의하며 혼란스러웠지만 그냥 모른 체하고 외진 곳에 홀로 두고 오려니 마음이 불편하였다. 금와왕은 불쌍한 마음이 들어 그녀를 일단 궁으로 데리고 오게 되었다. 그러나 진짜 하백의 딸인지, 하늘의 아들이라는 해모수를 만나 정을 통하였다는 말도 사뭇 믿기지 않아, 두고 보자는 마음으로 궁궐 한 귀퉁이 별실에 가두어 마음대로 이곳저곳을 다니지는 못하게 하였다.

유화가 금와왕의 궁궐 한쪽 별실에 머물자 햇빛이 유화의 몸을 따라다니는 이상한 일이 벌어졌다. 유화가 햇빛을 피하여 몸을 움직이면 햇빛도 유화를 따라왔다. '이상한 일이구나'라고 생각하며 빛을 피하던 유화는 그러나 그 햇빛을 받고 아이를 배게 되었다. 별실에서 유화를 모시던 시녀들이 모두 수군대며 기이하다고 말할 뿐이었다. 이윽고 달이 차서 유화는 아이를 낳게 되었는데, 유화가 낳은 것은 사람이 아니라 알이었다. 알은 닷 되 정도(약 3kg)의 크기로, 그것은 갓난아이만큼이나 큰 것이었다. 별실의 유화에게 일어난 일은 곧 금와왕에게 알려졌다. 금와왕은 있을 수 없는 일이라며, 사람이 알을 낳다니 불길하다고 매우 언짢아하였다. 금와왕은 어서 그 해괴한 알을 버리라고 명하였다. 유화는 자신이 낳은 알을 아이로 여기며 품고 싶었으나, 감히 왕의 명령에 맞서 자신이 보기에도 이상한 알을 품겠다고 고집할 수는 없었다.

신하들이 커다란 알을 돼지가 먹을 수 있도록 돼지우리에 버렸다. 돼지들이 알을 피하고 먹으려 하지 않았다. 개에게 던져주었는데 깨지지도 않고 개들도 먹으려 하지 않았다. 다시 길에다 버려 소나 말들이 지나다니면서 먹을 수 있게 하였다. 그런데 소나 말들이 오히려 피하면서 알을 조심히 다루는 듯하였다. 금와왕이 그 일을 듣고 멀리 인적 없는 들에 버리라고 하였다. 알을 들에 버리자 새들이 날아와 날개를 펴 덮어주었다. 금와왕이 소식을 듣고 다시 알을 깨어 버리라고 명하였다. 그러나 알은 깨지지도 않았다. 모두들 이상한 일이라며 신기하다고 수군거렸다. 금와왕도 마침내 이상함을 느끼고 알을 다시 유화에게 돌려주라고 명하였다.

알을 다시 돌려받은 유화는 아기를 돌보듯 따뜻하게 감싸며 보호하였다. 그러자 알이 드디어 깨지더니 사내아이가 태어났다. 아이는 벌써 얼굴이 반듯하고 기골이 장대하였다. 자라면서 점점 재주가 남다르게 뛰어났다. 나이 일곱 살이 되자 스스로 활과 화살을 만들어 쏘는데, 쏘는 것마다 백발백중이었다. 당시 부여에서는 활 잘 쏘는 사람을 주몽이라고 불렀는데, 아이가 활을 쏠 때마다 주위 사람들이 "주몽이네, 주몽이네" 감탄하더니 마침내 아이의 이름이 주몽이 되었다.

주몽은 어머니 유화부인과 함께 여전히 금와왕의 궁궐 한쪽 별실에서 살았다. 그러면서 자연스럽게 금와왕의 일곱 왕자들과도 어울리게 되었다. 주몽의 남다른 재주로 궁의 사람들은 주몽을 귀엽게 보기도 하고 감탄하며 보기도 하였다. 왕자들에게는 주몽의 뛰어난 재주가 그리 좋게만 보이지는 않았다. 게다가 궁 안의 사람들은 대놓고 주몽이 일곱 왕자의 재주를 다 합친 것보다 더 뛰어나다고 칭찬하니, 왕자들의 심기는 더욱 불편하였다. 하루는 태자 대소가 금와왕을 찾아와 아뢰었다.

"아바마마, 주몽은 사람의 자식이 아닙니다. 게다가 그 용맹함이 날로 강해지고 있으니 이대로 두었다가 훗날 무슨 일이 일어날까 걱정됩니다. 더 늦기 전에 일찌감치 주몽을 없애는 것이 좋을 듯합니다."

태자 대소의 말을 들은 금와왕은 새삼 지난날을 떠올렸다. 유화부인이 남들과는 다르게 햇빛을 받아 아이를 갖게 되었던 일, 지금은 어엿한 사내아이지만 알로 태어났던 일 등은 누가 봐도 정말 기괴한 일이었다. 금와왕뿐만 아니라 모두가 주몽의 기이한 출생과 출중한 능력에 놀라워하고 있었다. 태자 대소가 특히 우려했던 것은 장차 부여의 왕위를 주몽에게 빼앗길까 하는 불안감이었다.

마음 따뜻한 금와왕은 주몽이 나라를 해칠 것이라고 생각하고 있지 않았으나 대소의 말을 듣고 보니 '그의 능력이라면' 하는 의구심이 생겼다. 왕은 주몽이 어떤 마음을 갖고 있는지 시험해보기로 하고 주몽에게 하인이나 하는 일을 맡겼다. 주몽은 왕의 마구간지기가 되어 말을 먹이고, 똥오줌을 치우고, 털을 빗어주는 등의 허드렛일을 하게 되었다. 주몽은 정성을 다하여 말들을 돌보았다. 누가 봐도 주몽은 그저 왕의 명령을 충실히 따르며 열심히 일하는 성실한 젊은이였다. 금와왕은 주몽이 돌보는 말들이 윤기 나며 살찐 것을 보고 매우 흡족하였다. 주몽이 자신의 명을 잘 따르고 있다고 생각하며, 괜한 걱정을 했다고 안심하였다. 왕은 또한 주몽의 노고를 칭찬하며 살찐 말들 중에 유난히 홀로 비쩍 마른 볼품없는 말 한 마리를 주몽에게 선물하였다. 그런데 사실 주몽은 왕의 명령을 받고 왕이 자신을 대하는 것이 달라졌다는 것을 느끼고 혹시 모를 위험에 대비하기로 마음먹었다. 주몽은 돌보는 말 중에서 명마를 골라 일부러 굶겨 여위고 볼품없도록 만들었다. 아니나 다를까, 금와왕은 주몽이 말들을 잘 돌보는지 둘러보더니 유난히 한 마리만 볼품없이 비쩍 마른 것을 보고는 말의 종자가 나쁜 것이라고 여기게 되었다. 왕은 별 생각 없이 주몽의 수고를 칭찬하며 그 말을 선물로 주었다. 이렇게 해서 주몽은 명마를 갖게 되어 훗날을 대비하고 있었다.

부여에서 사냥 대회가 열리는 날이었다. 이날은 부여의 모든 젊은이들이 참여할 수 있는 축제와도 같은 날이었다. 왕자들은 화려하게 차려입고 많은 화살을 준비하여 사냥을 즐겼다. 지위가 낮은 주몽도 참여하여 몇 개의 화살을 받게 되었다. 그러나 주몽은 이름대로 활솜씨가 뛰어나 적은 화살로도 많은 짐승을 잡았다. 주몽의 재주를 다시 한번 확인하게 된 왕자들과 부여의 신하들은 이제 더 이상 왕명을 통해서가 아니라 자신들의 힘으로 주몽을 없애기로 모의하였다. 그러나 늘 아들을 염려하던 유화부인이 왕자들의 음모를 미리 알아차렸다. 유화부인이 아들을 불러 말하였다.

"애야, 나라 사람들이 너의 재주를 두려워하더니 기어이 너를 해치려 하는구나. 너의 재주로 어디인들 못 가겠느냐? 괜히 이곳에 더 머물다가 허무한 죽음을 당하느니, 이 나라를 떠나 큰일을 이루는 것이 좋겠구나!"

어머니의 말씀으로 이제 목숨까지 위태롭게 되었다는 것을 알게 된 주몽은 마침내 부여를 떠날 때가 되었다고 생각하였다.

주몽은 이전부터 자신과 뜻을 같이하기로 한 벗들, 오이·마리·협보와 함께 남쪽으로 출발하였다. 주몽 일행이 부여 땅 경계에 있는 엄호수에 이르렀을 때, 방금 지나온 저 멀리서 흙먼지가 이는 것이 보였다. 태자 대소가 군사를 이끌고 주몽 일행을 기어이 뒤쫓아 온 것이었다. 놀란 일행이 두려워하며 서둘러 강을 건너려 하는데, 하필 그들이 도착한 강 주위에는 타고 건너갈 만한 배가 보이지 않았다. 이때였다. 주몽이 엄호수의 물을 내려다보며 위엄에 찬 목소리로 말하였다.

"나는 하늘의 자손이며, 물의 신 하백의 외손이다. 하늘의 뜻을 받아 지금 부여를 떠나려는데 나를 해치려고 쫓아오는 이들이 있으니 어찌하면 좋겠느냐?"

주몽이 말을 마치자 신기한 일이 벌어졌다. 물속에서 물고기와 자라 떼가 몰려오더니 강 위로 솟아오르며 높은 다리를 만들어주었다. 일행이 그 다리로 강을 다 건너자 물고기와 자라 떼로 만들어진 다리는 다시 흩어져 사라졌고, 뒤쫓아 오던 태자와 군사들은 엄호수가에서 멈출 수밖에 없었다.

주몽 일행이 강 건너 도착한 곳은 모둔곡이라 불리는 곳이었다. 모둔곡을 지나던 일행은 우연히 세 사람을 만났다. 한 사람은 삼베옷을 입었고, 한 사람은 검은 베로 만든 길이가 길고 소매가 넓은 옷을 입었으며, 또 한 사람은 물풀로 만든 초록색 옷을 입고 있었다. 주몽은 그들을 보자마자 그저 그런 평범한 사람이 아님을 알아보았다. 주몽이 그들에게 말을 걸었다.

"그대들은 무엇을 하는 사람이며, 이름과 성은 무엇이오?"

세 사람도 주몽이 보통 사람은 아니라는 것을 알아보고 먼저 삼베옷을 입은 사람이 고개를 숙여 절하며 대답하였다.

"제 이름은 재사입니다."

이어 검은 베옷을 입은 사람이 대답하였다.

"제 이름은 무골입니다."

물풀로 된 옷을 입은 사람도 대답하였다.

"제 이름은 묵거입니다."

그러나 그들은 모두 이름만 말했을 뿐, 성은 말하지 않았다. 주몽은 그들이 성이 없다는 것을 알아채고 성을 주어 자기 사람이 되도록 하였다. 재사에게는 극 씨를, 무골에게는 중실 씨를 그리고 묵거에게는 소실이라는 성을 지어주었다. 그 시절 성을 받은 사람은 성을 준 사람을 따른다는 무언(無言)의 숨은 뜻이 담겨 있었다. 주몽에게서 성을 받은 재사·무골·묵거는 이제부터 주몽의 사람이 된 것이다. 주몽은 함께 온 일행들과 이제 만난 세 사람에게 말하였다.

"내 지금 하늘의 명을 받아 나라를 새로이 세우려는데 때마침 이곳에서 이렇게 특별한 세 사람을 만났으니, 이는 분명 하늘이 내게 보내주신 것이 아니겠는가!"

주몽은 그들에게 각각 할 일을 말하여 주고 도읍을 정할 만한 곳을 찾아 함께 길을 떠났다.

졸본천에 이르니 땅은 넓고 흙은 부드러워 농사짓기에 좋아 보였다. 산은 높고 험하여 경계가 저절로 나뉘었고, 물살은 힘차게 흐르며 계곡은 가파르니 자연적인 조건만으로도 하나의 도읍을 세우기에 부족함이 없었다. 주몽 일행은 졸본을 도읍 터로 결정하였으나, 당장에 궁궐을 지을 형편이 아니었으므로 우선 비류수 강가를 따라 풀잎과 갈대를 엮어 초가집을 짓고 살았다. 그리고 자신의 나라를 높고 귀하다는 뜻의 '고(高)'를 '구려' 앞에 붙여 '고구려(高句麗)'

라 하고, 자신의 성도 나라 이름의 첫 글자를 따서 '고' 씨라고 하였다.

한편 주몽이 졸본에 세운 고구려에 대해 다른 이야기도 전해오고 있다. 즉 졸본에는 이미 졸본부여가 있었고, 졸본부여의 왕에게는 마침 남자 후계자가 없었다. 그러던 차에 주몽이 졸본에 오자 보통 인물이 아닌 줄을 알아보고 자기 딸과 결혼시켜 사위로 삼은 후 왕위를 물려준 것이라는 이야기도 전한다.

건국 과정에 대해 서로 다른 두 이야기가 전해지고 있으나 주몽이 고구려를 세운 때는 그의 나이 22세로 같다. 이때는 저 멀리 고구려의 북쪽 대륙에서는 중국의 전한(前漢) 황제 효원제가 다스리던 건소 2년이었으며, 멀리 남쪽으로는 박혁거세가 신라의 왕으로 즉위한 지 21년째 되는 갑신년으로 서기전 37년이었다.

주몽이 나라를 세우자 주변 지역에 무리를 지어 살던 사람들이 점차로 모여들면서 고구려의 백성이 빠르게 늘어났다. 작은 무리로 이곳저곳에 터를 두고 살던 사람들은 이웃한 말갈족이 수시로 침략하여 크고 작은 도적질로 싸움이 그치지 않았는데, 주몽의 명성을 듣고 보호를 받고자 한 것이었다. 이에 주몽이 군사를 갖추어 말갈족을 치니, 그들이 고구려의 영역에는 다시 침입하지 못하였다. 주몽의 나라는 점점 성장하고 있었다.

왕은 비류수가를 산책하다가 상류에서부터 흘러 내려오는 야채를 보고 강의 위쪽에도 사람들이 살고 있다는 것을 알게 되었다. 주몽은 그곳이 궁금해져 비류수 상류 쪽으로 사냥을 떠났다. 그리하여 고구려 북쪽으로 비류국이 있음을 알게 되었다. 왕은 드디어 비류국의 왕이라고 소개하는 송양을 만나게 되었다. 송양은 풍채 단정하고 씩씩한 기상을 뿜어내는 주몽을 보자 매우 반기며 사람 좋은 미소로 말을 건넸다.

"과인은 바닷가 끝, 외진 곳에 살면서 군자를 만날 기회가 적었소. 오늘 이렇게 우연히 훌륭한 군자를 만나게 되었으니 이 얼마나 다행한 일인 줄 모르겠소. 그래 이렇게 훌륭하신 그대는 누구시며, 어디에서 오셨소?"

주몽이 정중하게 대답하였다.

"나는 하늘의 자손인 고주몽으로, 졸본 땅 고구려의 왕이오."

송양은 주몽의 대답을 듣고 말하였다.

"나는 이 땅에서 집안 대대로 왕을 지냈다오. 그런데 보시다시피 이곳은 땅이 작아 두 임금이 필요 없는 곳이오. 보아하니 젊은 군자는 도읍을 세운 지 얼마 안 된 새 나라의 왕이구려. 그대는 새로 시작하는 곳이라 부족한 것 많은 작은 도읍에서 힘들게 지내지 말고, 이미 모든 것을 다 갖춘 나와 나의 비류를 대국으로 섬기는 것이 어떻겠소?"

왕은 송양이 "자기를 섬기라"고 하는 말에 분노하여, 자신이 왕인데 누굴 섬기느냐며 서로 말다툼을 하게 되었다. 말다툼 끝에 그렇다면 활쏘기 시합으로 누가 더 왕의 자격이 있는지 정하기로 하였다. 그러나 송양은 언쟁은 물론 활쏘기에서도 주몽의 솜씨를 따를 수가 없었다. 비류의 송양은 젊은 주몽을 얕보고 복속시킬 마음으로 "겨루자"고 자신 있게 말했지만 감히 그를 당하지 못하게 되자 말없이 은근슬쩍 꽁무니를 뺀 채 자리를 떠났다.

고구려를 세운 지 2년째 되는 여름 6월에 비류의 송양은 결국 고구려에 항복하였다. 이에 고구려는 비류국의 영토를 다물도(多勿都)라는 이름으로 바꾸었다. 이제 비류라는 나라는 사라지고 그곳은 고구려가 다스리는 하나의 도읍이 되었다. 그리고 왕이었던 송양을 신하로 삼아 다물도의 수령으로 임명하였다. 송양은 비록 신하의 신분이 되었지만 자신이 다스리던 권한을 그대로 지닌 채 옛 땅을 다스릴 수 있게 되었다. 송양은 단지 왕이 아닌 '다물도주(多勿都主)'로 명칭이 바뀐 것이다. 당시 고구려에서는 옛 땅을 되찾았을 때 그곳을 '다물'이라고 하였다.

주몽이 왕위에 오른 지 3년째 되는 해 봄 3월에, 황룡이 골령에서 모습을 보이고, 가을 7월에는 상서로운 구름이 골령 남쪽에 나타나니 그 색이 푸르고 또 붉어 아름다웠다.

왕의 재위 4년인 서기전 34년 여름 4월에는 사방에서 구름과 안개가 일어났다. 사람들이 7일 동안이나 색을 분별하기 어려워 잘 보지 못하였다. 그해 가을 7월에는 고구려의 성곽과 궁실을 지었다.

주몽이 고구려를 다스린 지 6년째 가을 8월에 신(神)의 새라는 난새가 궁정의 뜰에 모습을 보였다. 이에 왕은 앞으로 일이 잘되리라는 좋은 징조라 생각하고 그해 겨울 10월에 신하 오이와 부분노에게 명하여 태백산 동남쪽에 있는 행인국을 정벌하도록 하였다. 과연 승리하여 고구려의 영토를 태백산 동남쪽까지 확장하였다. 행인국은 사라지고 그 영토는 고구려의 성과 읍으로 편성되었다.

왕의 즉위 10년째 가을 9월에 상서로운 난새가 다시 나타나 왕궁의 난간에 앉았다. 왕은 좋은 기회가 왔다고 여기어 그해 겨울 11월에 신하 부위염에게 명하여 북옥저를 공격하라 하니, 북옥저를 멸하고 그 땅은 또 고구려의 성과 읍으로 편성되었다.

주몽왕 재위 14년 차 가을 8월에 동부여에 계시던 왕의 어머니 유화부인이 돌아가셨다. 금와왕은 유화부인을 존중하여 태후의 예를 갖추어 장례를 치르고 신묘(神廟)를 지어주었다. 그해 겨울 10월에 주몽왕은 부여의 금와왕에게 사자를 보내어 고구려의 토산물을 바치며 그 은덕에 보답하였다.

왕이 고구려를 세운 지 19년째 되던 해 여름 4월에 부여에서 태어나 부여에서 자란 왕의 맏아들 유리가 그 어머니와 함께 고구려로 도망쳐 왔다. 왕이 기뻐하며 맞아들이더니 곧 태자로 삼았다. 그런데 그해 가을 9월에 왕이 승하하시니 이때 나이 겨우 40세였다. 용산에 장례를 치르고 왕의 공덕을 기리며 시호를 '동쪽을 밝힌 성인'이라는 뜻을 담아 '동명성왕'이라고 하였다. 4월에 고구려로 아버지를 찾아와 태자가 되었던 맏아들 유리가 고구려의 왕위를 이었다.

유리는 기록에 유류라고도 전하는데 같은 인물이다. 주몽의 맏아들이며 어머니는 예씨부인이다. 주몽은 부여에 있을 때 예씨부인과 이미 혼인을 하였다. 그런데 부여의 태자 대소 무리들이 목숨을 위협하자 부인을 남겨둔 채 뜻을 함께 한 벗들과 부여를 급히 떠났다. 이때 예씨부인은 임신 중이었는데, 주몽이 떠나온 후 태어난 아들이 바로 유리다.

유리는 어린 시절 새총을 쏘며 놀기를 즐겨 하였다. 하루는 잘못 쏘아 물을 길어 가는 부인의 물동이를 맞히니 그만 물동이가 깨지고 물이 쏟아지고 말았다. 난데없는 봉변을 당한 부인이 화가 나서 "저놈은 아비 없는 놈이라 이렇게 노는구나" 하며 욕을 하였다. 유리는 일부러 한 것이 아니었는데 '아비 없는 놈이라 그렇다'는 욕을 들으니 몹시 풀이 죽었다. 부끄러운 마음으로 집으로 돌아온 유리는 어머니에게 물었다.

"어머니, 제 아버지는 어떤 사람이며 지금 어디에 계십니까?"

어머니는 아버지에 대해 묻는 유리를 보며 말하였다.

"너의 아버지는 남달리 뛰어난 능력을 지닌 분이시란다. 그런데 이 나라 부여 사람들이 네 아버지의 비범한 능력을 받아주지 않고 시기하여 해치려고만 하였단다. 결국 네 아버지는 위험을 피하고 큰 뜻을 펼치기 위하여 남쪽으로 피신하였는데, 그곳에서 나라를 세우시고 왕이 되신 분이다. 떠나시기 전에 나에게 남자아이가 태어나면 전하라는 말씀이 있었다. 네 아버지께서 말씀하시기를 '내가 어떤 물건을 일곱 능이 있는 돌 위에서 자라는 소나무 아래에 감추었는데, 만약 이것을 찾아오면 내 아들인 줄 알겠소' 하였단다."

유리가 어머니의 말을 듣고 산과 계곡을 돌아다니며 돌이 많은 곳에서 자라는 소나무를 열심히 찾아다녔다.

그러나 세월이 가도 아버지가 감추어두었다는 물건을 계속 얻지 못하고 지쳐서 돌아오기를 거듭하여 유리는 실의에 차 있었다. 하루는 힘없이 마루에 앉아 있는데, 기둥 밑의 주춧돌에서 무슨 소리가 들리는 듯하였다. 문득 홀린 듯이 소리를 쫓아 기둥 가까이 가서 주춧돌을 들여다보았다. 그런데 멍하니 바라보던 주춧돌의 일곱 모서리가 눈에 들어왔다. 유리는 '칠능이란 일곱 모서리였구나' 생각하며 크게 깨달았다. 과연 기둥 밑을 살펴 부러진 단검 한 조각을 찾았다.

드디어 아버지가 남겼다는 물건을 찾은 유리는 옥지·구추·도조 등 세 명의 친한 벗과 함께 졸본으로 달렸다. 부왕인 주몽을 뵙고 찾아낸 단검 조각을 바쳤다. 왕은 자기가 갖고 있던 단검 조각과 합쳐보고 꼭 맞는다며 기뻐하였다. 그리고 맏아들이라며 태자로 삼았는데, 왕이 돌아가시자 왕위를 계승하게 된 것이다.

◈ 『삼국사기』 고구려본기 중
동명왕 부분 원문 음과 번역

高句麗本紀 第 一

고구려본기 체 1

始祖東明聖王

시조동명성왕

始祖東明聖王 姓高氏 諱朱蒙 一云鄒牟 一云衆解

시조동명성왕 성고씨 휘주몽 일운추모 일운중해

시조 동명성왕의 성은 고씨이고, 이름은 주몽이다. *또는 추모鄒*
牟, 또는 중해衆解라고 하기도 한다.

先是 扶餘王解夫婁老無子

선시 부여왕해부루노무자

먼저 부여에 해부루왕이 있었는데, 늙도록 아들이 없었다.

祭山川求嗣 其所御馬至鯤淵 見大石 相對流

제산천구사 기소어마지곤연 견대석 상대류

왕은 산천으로 제사를 다니며 후사를 얻게 해달라고 기원하였는데, 그가 탄 말이 곤연에 이르러서 앞에 있는 커다란 돌을 보며 가지 않고 눈물을 흘렸다.

王怪之 使人轉其石 有小兒 金色蛙形 蛙 一作蝸
왕괴지 사인전기석 유소아 금색와형 와 일작와

왕이 괴이하게 여기어 사람들을 시켜 그 돌을 굴려 치우게 하였더니, 금빛이 나는 어린아이가 개구리 모양을 하고 있었다. *개구리 와蛙를 쓰기도 하고 달팽이 와蝸로 쓰기도 한다.*

王喜曰 此乃天賚我令胤乎 乃收而養之 名曰金蛙 及其長 立爲太子
왕희왈 차내천뢰아령윤호 내수이양지 명왈금와 급기장 입위태자

왕이 기뻐하며 "이것은 하늘이 내게 내려주신 후계자로구나" 하였다. 아이를 데리고 와서 키우면서 이름은 처음 본 모습을 따서 금빛 개구리라는 뜻의 금와라고 지었다. 아이가 자라자 태자로 삼았다.

後 其相阿蘭弗曰
후 기상아란불왈

그 후로 어느 날 부여의 재상 아란불이 왕을 찾아왔다.

日者 天降我曰 將使吾子孫立國於此 汝其避之
일자 천강아왈 장사오자손입국어차 여기피지

"일전에 천제께서 제게 내려와 말씀하시기를 '장차 이곳에 내 자

손으로 하여금 나라를 세우게 할 것이니 너는 여기를 피하라' 하셨습니다."

東海之濱有地 號曰迦葉原 土壤膏腴宜五穀 可都也
동해지빈유지 호왈가섭원 토양고유의오곡 가도야

"동해 쪽 지역에 가섭원이라는 곳이 있는데 토양이 비옥하여 오곡이 잘되니 그곳이야말로 도읍을 삼을 만한 곳입니다."

阿蘭弗遂勸王 移都於彼 國號東扶餘
아란불수권왕 이도어피 국호동부여

아란불이 해부루왕에게 이렇게 말하며 권하니, 왕이 그 말을 좇아 도읍을 옮겼다. 이때부터 나라 이름이 동부여가 되었다.

其舊都有人 不知所從來 自稱天帝子解慕漱 來都焉
기구도유인 부지소종래 자칭천제자해모수 래도언

해부루가 떠나온 북부여의 옛 도읍지에는 어디서 왔는지 알 수 없는 자가 스스로 천제의 아들 해모수라고 하며 도읍을 정했다.

及解夫婁薨 金蛙嗣位
급해부루훙 금와사위

해부루 왕이 돌아가시고 금와가 왕위를 계승하였다.

於是時 得女子於太白山南優渤水 問之
어시시 득여자어태백산남우발수 문지

금와왕이 태백산 남쪽 우발수를 지나다가 한 여자를 만나게 되어 여자의 상황이 어찌 된 것인지를 물었다.

曰 我是河伯之女 名柳花 與諸弟出遊 時有一男子 自言天帝子解慕漱
왈 아시하백지녀 명유화 여제제출유 시유일남자 자언천제자해모수
여자가 대답하기를 "나는 하백의 딸이며 이름은 유화입니다. 어느 날 여러 동생들과 함께 나와서 노는데, 한 남자가 와서는 스스로 천제의 아들 해모수라고 하였습니다."

誘我於熊神山下鴨綠邊室中 私之 卽往不返
유아어웅신산하압록변실중 사지 즉왕불반
"나를 유인하여 웅신산 아래 압록강가의 집으로 데려가 사통하고 돌아가더니 다시 오지 않았습니다.

父母責我無媒而從人 遂謫居優渤水
부모책아무매이종인 수적거우발수
부모님께서는 제가 중매도 없이 사내를 따라 간 것을 꾸짖으시고 내쫓으셔서 우발수에서 귀양살이중입니다" 하였다.

金蛙異之 幽閉於室中
금와이지 유폐어실중
금와왕이 그 말을 이상하게 여기고, 궁으로 데려와 가두었다.

爲日所炤 引身避之 日影又逐而炤之 因而有孕 生一卵 大如五升許

위일소조 인신피지 일영우축이조지 인이육잉 생일란 대여오승허

유화가 머무는 곳에 햇빛이 비추더니, 유화가 몸을 피해도 햇빛이
따라오며 비추었다. 이 일로 임신을 하더니 알을 하나 낳았는데, 그
크기가 닷 되나 되었다(3kg 정도로 거의 갓난아기만 한 크기이다).

王棄之 與犬豕 皆不食 又棄之路中 牛馬避之 後棄之野 鳥覆翼之

왕기지 여견시 개불식 우기지로중 우마피지 후기지야 조복익지

왕이 알을 버려서 개와 돼지들에게 주었는데 모두 먹지를 않았
다. 다시 길 위에 버렸더니 소와 말이 피해 다녔다. 그래서 다시 들
에다 내다 버렸더니 새들이 와서 날개로 덮어주었다.

王欲剖之不能破 遂還其母 其母以物裹之 置於暖處

왕욕부지불능파 수환기모 기모이물과지 치어난처

왕이 깨어 버리려 하였으나 깨지지 않았다. 마침내 그 어미에게
다시 돌려주니 그 어미가 알을 싸서 따뜻한 곳에 두며 보살폈다.

有一男兒 破殼而出骨表英奇 年甫七歲 嶷然異常

육일남아 파각이출골표영기 연보 7세 억연이상

남자아이가 알껍데기를 깨고 나왔는데 얼굴 생김새와 기골이 남
다르게 뛰어났다. 일곱 살에는 총명함이 보통 아이들과 달랐다.

自作弓矢 射之 百發百中 扶餘俗語 善射爲朱蒙 故以名云

자작궁시 사지 백발백중 부여속어 선사위주몽 고이명운

스스로 활과 화살을 만들어 쏘았는데 쏘는 것마다 백발백중이었다. 부여 말에 활 잘 쏘는 사람을 '주몽'이라 하는데, 아이가 쏘는 것마다 모두 맞히니 이름이 주몽이 되었다.

金蛙有七子 常與朱蒙遊戲 其伎能皆不及朱蒙
금와유칠자 상여주몽유희 기기능개불급주몽

금와왕에게는 일곱 명의 아들이 있었는데 항상 주몽과 함께 놀았다. 그러나 일곱 왕자의 재능을 모두 합쳐도 주몽의 재주를 못 따라갔다.

其長子帶素言於王曰 朱蒙非人所生 其爲人也勇
기장자대소언어왕왈 주몽비인소생 기위인야용

왕의 장자 대소가 왕에게 "주몽은 사람의 소생이 아닙니다. 게다가 용감하기는 보통 사람을 뛰어넘습니다."

若不早圖 恐有後患 請除之
약불조도 공유후환 청제지

"만약 일찌감치 도모하지 않으면 장차 어떤 후환이 올지 두렵기만 합니다."라고 말하며 없앨 것을 청하였다.

王不聽 使之養馬
왕불청 사지양마

왕은 그러나 태자의 없애달라는 말을 듣지 않고, 주몽에게 마구간지기를 시킬 뿐이었다.

朱蒙知其駿者 而減食令瘦 駑者 善養令肥 王以肥者自乘 瘦者給朱蒙

주몽지기준자 이감식령수 노자 선양령비 왕이비자자승 수자급주몽

주몽이 마구간지기가 되어 말을 돌보면서 준마를 알아보고 골랐다. 준마에게는 먹이를 조금 주어 여위게 하고 둔한 말은 사료를 많이 주어 살찌게 하였다. 왕이 와서 보고 살찐 말은 자기가 타고, 여위어 비루한 말은 주몽에게 주었다.

後 獵于野 以朱蒙善射 與其矢小而朱蒙殪獸甚多

후 렵우야 이주몽선사 여기시소이주몽에수심다

후에 모두들 들로 사냥을 나갔는데 주몽은 활을 잘 쏘아 남보다 적은 화살로 남보다 많은 짐승을 잡았다.

王子及諸臣又謀殺之

왕자급제신우모살지

왕자와 그들의 신하들이 주몽을 죽이자는 모의를 하였다.

朱蒙母陰知之 告曰

주몽모음지기 고왈

주몽의 어머니가 그 음모를 알고 주몽에게 알렸다.

國人將害汝 以汝才略 何往而不可 與其遲留而受辱 不若遠適以有爲

국인장해여 이여재략 하왕이불가 여기지유이수욕 불약원적이유위

"나라 사람들이 장차 너를 해하려 한다. 너의 재주 뛰어난데 어디를 간들 네가 못 살겠느냐? 이곳에 우물쭈물 머물다가 남에게 모

욕을 당하기보다는 먼 곳으로 떠나는 게 좋겠구나."

朱蒙乃與烏伊 摩離 陝父等三人爲友 行至淹㴲水
주몽내여오이 마리 협보등 3인위우 행지엄호수

이에 주몽이 친구 오이, 마리, 협보 등 세 명과 함께 길을 떠나
엄호수에 이르렀다.

一名盖斯水 在今鴨綠東北
일명개사수 재금압록동북

*엄호수는 개사수라고도 불린다. 지금(1145년경으로 김부식의 시
대를 말한다) 압록강 동북쪽에 있다.*

欲渡無梁 恐爲追兵所迫
욕도무량 공위추병소박

강을 건너야 하는데 다리는 없고, 쫓아오는 병사들이 가까이 오
니 잡힐까 두려워하였다.

告水曰 我是天帝子 河伯外孫 今日逃走 追者垂及如何
고수왈 아시천제자 하백외손 금일도주 추자수급여하

주몽이 엄호수 물을 보며 "나는 하늘임금의 아들이요, 하백의 외
손이다. 지금 도망중인데 추격병이 이리 가까이 다가오니 어쩌면
좋겠느냐?" 말하였다.

於是 魚鼈浮出成橋 朱蒙得渡 魚鼈乃解 追騎不得渡

어시 어별부출성교 주몽득도 어별내해 추기부득도

그러자 물고기와 자라 떼가 떠올라 다리를 만들었다. 주몽 일행이 강을 건너자 물고기와 자라 떼가 흩어져 쫓아오는 기병들은 강을 건널 수 없었다.

朱蒙行至毛屯谷 *魏書 云 至普述水*

주몽 행지모둔곡 *위서 운 지보술수*

일행은 강을 건너 모둔곡에 도착하였다. 『위서』에는 보술수에 도착하였다고 한다.

遇三人 其一人着麻衣 一人着衲衣 一人着水藻衣

우 3인 기일인착마의 일인착납의 일인착수조의

모둔곡을 지나다가 우연히 세 사람을 만났는데 한 사람은 베옷을 입었고, 한 사람은 검은 베로 지은 폭이 넓은 옷을 입었고, 한 사람은 물풀로 만든 옷을 입었다.

朱蒙問曰 子等何許人也 何姓何名乎

주몽 문왈 자등하허인야 하성하명호

주몽이 "그대들은 어떤 사람이오, 성은 무엇이며 이름은 무엇이오" 하고 물었다.

麻衣者曰 名再思 衲衣者曰 名武骨 水藻衣者曰 名黙居 而不言姓

마의자왈 명재사 납의자왈 명무골 수조의자왈 명묵거 이불언성

베옷을 입은 사람은 이름이 재사라 하고, 검은 베로 지은 폭이 넓은 옷을 입은 사람은 무골이라고 하고, 물풀로 만든 옷을 입은 사람은 묵거라고 대답하였으나 성은 말하지 않았다.

朱蒙賜再思姓克氏 武骨仲室氏 黙居少室氏
주몽사재사성극씨 무골중실씨 묵거소실씨

주몽이 재사에게는 극씨를 하사하고, 무골에게는 중실씨, 묵거에게는 소실씨를 성으로 주었다.

乃告於衆曰 我方承景命 欲啓元基 而適遇此三賢 豈非天賜乎
내고어중왈 아방승경명 욕계원기 이적우차 3현 기비천사호

그리고 사람들에게 말하길, "내가 하늘의 명을 받아 나라를 세우고자 하는데 지금 이곳에 와서 이 세 사람의 현인을 만났으니, 이는 곧 하늘이 내게 보내주신 것이 아니겠소!" 하였다.

遂揆其能 各任以事 與之俱至卒本川　魏書 云 至紇升骨城
수규기능 각임이사 여지구지졸본천 『위서』운 지흘승골성

이윽고 각각의 사람들에게 능력에 맞는 일을 맡기고 함께 졸본천에 이르렀다. 『위서』에는 흘승골성에 도착했다고 한다.

觀其土壤肥美 山河險固 遂欲都焉
관기토양비미 산하험고 수욕도언

그 토양이 비옥하고 산과 물이 굳고 험준하니, 도읍으로 정할 만하였다.

而未遑作宮室 但結廬於沸流水上居之

이미황작궁실 단결려어비류수상거지

그러나 궁궐을 짓기에는 갖추어진 것이 없어 우선은 비류수가에
농막을 짓고 살기로 하였다.

國號高句麗 因以高爲氏

국호고구려 인이고위씨

(이렇게 졸본 땅에 도읍을 정하고) 나라 이름을 고구려라고 하였
다. 그리고 이때부터 나라이름에 쓴 '높다, 뛰어나다'라는 뜻의 '고'
를 자신의 성으로 삼았다.

一云 朱蒙至卒本扶餘 王無子 見朱蒙知非常人 以其女妻之

일운 주몽지졸본부여 왕무자 견주몽지비상인 이기녀처지

한편 주몽이 도착한 곳은 졸본부여라고도 한다. 졸본부여의 왕은
아들이 없었는데 주몽을 보고 보통 사람이 아님을 알아 자기 딸을
아내로 삼게 해주었다.

王薨 朱蒙嗣位

왕훙 주몽사위

왕이 죽은 후 주몽이 그 왕위를 물려받았다는 이야기도 전한다.

時 朱蒙年二十二歲 是漢孝元帝建昭二年

시 주몽년 22세 시한효원제건소 2년

이때는 주몽의 나이 22세였고, 한(漢)나라 효원제 건소 2년(서기

전 37년)이며,

新羅始祖赫居世二十一年甲申歲也
신라시조혁거세　21년갑신세야
신라에는 박혁거세가 왕이 된 지 21년째인 갑신년이었다.

四方聞之來附者衆　其地連靺鞨部落　恐侵盜爲害
사방문지래부자중　기지연말갈부락　공침도위해
주몽이 나라를 세우자 사방에서 이를 듣고 찾아와 백성이 되기를
원하는 사람들이 많았다. 그 지역이 말갈 부락과 경계를 지은 지역
이라서 말갈 부족의 침략으로 많은 해를 입으며 공포에 떨고 있었
는데

遂攘斥之靺鞨畏服　不敢犯焉
수양척치말갈외복　불감범언
말갈족의 잦은 침략에서 벗어나고 싶었던 까닭이다. 이에 부응하
여 주몽이 말갈족을 물리치니 그들이 두려워 복종하고 감히 침범하
지 못하였다.

王見沸流水中　有菜葉逐流下　知有人在上流者
왕견비류수중　유채엽축류하　지유인재상류자
왕이 비류수에서 채소가 흘러 내려오는 것을 보고, 비류수 상류
쪽에도 사람들이 사는 것을 알았다.

因以獵往尋 至沸流國 其國王松讓出見曰

인이렵왕심 지비륵국 기국왕송양출견왈

왕이 사냥을 하면서 그 지역을 살펴, 마침내 비류국을 찾았다. 그 나라의 왕 송양이 나와 주몽을 보고는 말하였다.

寡人僻在海隅 未嘗得見君子 今日邂逅相遇 不亦幸乎

과인벽재해우 미상득견군자 금일해후상우 불역행호

"과인은 바닷가 귀퉁이에 사느라 군자를 만나기가 어려웠소. 오늘 그대를 우연히 만나니 이 어찌 다행한 일이 아니오!

然不識吾子 自何而來

연불식오자 자하이래

그런데 나는 그대를 모르니, 군자는 누구며 어디에서 오셨소"

答曰 我是天帝子 來都於某所

답왈 아시천제자 내도어모소

왕이 답하길 "나는 천제의 아들로 아무아무데(고구려)라는 도읍에서 왔소" 하였다.

松讓曰 我累世爲王 地小不足容兩主 君立都日淺 爲我附庸 可乎

송양왈 아누세위왕 지소부족용양주 군립도일천 위아부용 가호

송양이 그 말을 듣더니 "나는 이곳에서 대대로 왕을 지냈소. 이 땅은 작아서 두 명의 군주가 필요 없다오. 군이 도읍을 세운 지 얼마 안 되었으니 나와 비류국을 섬기는 것이 어떻겠소?" 하였다.

王忿其言 因與之鬪辯 亦相射以校藝 松讓不能抗

왕분기언 인여지투변 역상사이교예 송양불능항

왕이 그 말에 분노하여 말로 싸우다가, 활솜씨로 서로 누가 대단한가를 겨루었는데, 송양은 이 활쏘기에서도 또한 주몽을 이길 수가 없었다.

二年 夏六月 松讓以國來降 以其地爲多勿都 封松讓爲主

2년 하육월 송양이국래항 이기지위다믈도 봉송양위주

고구려를 세운 지 2년, 왕이 즉위한 지 2년째 되던 해 여름 6월에 송양이 결국 나라를 들어 항복하였다. 왕은 그 비류국을 없애 다물도라 바꾸어 부르고 송양에게는 계속 그곳을 다스릴 수 있는 권한을 주어 다물도의 주인으로 삼았다.

麗語謂復舊土爲多勿 故以名焉

려어위복구토위다믈 고이명언

고구려의 말에 다시 회복한 옛 땅, 예전 상태로 돌려놓은 땅이라는 말을 다물이라고 하므로 이것을 이름으로 한 것이다.

三年 春三月 黃龍見於鶻嶺 秋七月 慶雲見鶻嶺南 其色靑赤

3년 춘삼월 황룡견어골령 추7월 경운견골령남 기색청적

왕위에 오른 지 3년째 봄 3월에는 성스러운 황룡이 골령에 나타났고, 가을 7월에는 상서로운 구름이 골령 남쪽에 나타나 하늘색이 푸르고 붉고 하였다.

四年 夏四月 雲霧四起 人不辨色七日 秋七月 營作城郭宮室

4 년 하 4월 운무사기 인불변색 7일 추 7월 영작성곽궁실

즉위 4년 여름 4월에는 사방에서 운무가 일어 사람들은 7일간이나 주변을 알아볼 수가 없었다. 그해 가을 7월에 성곽과 궁궐을 지었다.

六年 秋八月 神雀集宮庭

6 년 추 8월 신작집궁정

즉위 6년 가을 8월에 신의 새인 난새가 궁정의 뜰에 나타나 나라에 좋은 일이 일어날 것을 알렸다.

冬十月 王命烏伊 扶芬奴 伐太白山東南荇人國 取其地 爲城邑

동10월 왕명오이 부분노 벌태백산동남행인국 취기지 위성읍

그해 10월에 왕이 신하 오이와 부분노를 시켜 태백산 동남쪽에 있는 행인국을 정벌하게 하여 이겼다. 행인국을 없애고 그 땅을 고구려의 성읍으로 삼았다.

十年 秋九 鸞集於王臺

10년 추9 난집어왕대

즉위 10년 가을 9월에 상서로운 길조(吉鳥) 난새가 또 궁궐의 난간에 앉아 나라에 좋은 일이 일어날 것을 알렸다.

冬十一月 王命扶尉猒 伐北沃沮 滅之 以其地爲城邑

동 11 월 왕명부위염 벌북옥저 멸지 이기지위성읍

그해 겨울 11월에 왕은 신하 부위염에게 명하여 북옥저를 공격하게 하여 멸망시키고 그 땅을 고구려의 성읍으로 삼았다

十四年 秋八月 王母柳花薨於東扶餘
1 4 년 추 8 월 왕모유화훙어동부여
즉위 14년 가을 8월에 왕의 어머니 유화부인이 동부여에서 죽었다.

其王金蛙以太后禮 葬之 遂立神廟
기왕금와이태후예 장지 수립신묘
그 나라 금와왕이 부인을 태후의 예로써 장사를 지내고 제사를 지낼 수 있는 신묘를 지어주었다

冬十月 遣使扶餘饋方物 以報其德
동10월 견사부여채방물 이보기덕
그해 겨울 10월에 왕이 부여 왕에게 사자를 보내어 고구려의 토산물을 바치며 그 은덕에 보답하였다.

十九年 夏四月 王子類利自扶餘與其母逃歸 王喜之　立爲太子
1 9 년 하 4 월 왕자유리자부여여기모도귀 왕희지　입위태자
즉위 19년 여름 4월에 맏아들 유리가 자기 어머니와 함께 부여로부터 도망쳐 오니 왕이 기뻐하며 태자로 세웠다.

秋九月 王升遐 時年四十歲 葬龍山 號東明聖王

축 9월 왕승하 시년 40세 장용산 호동명성왕

그해 가을 9월에 왕이 40세의 나이로 승하하시니, 용산에 장사 지내고 그의 공덕을 기려 동명성왕이라는 시호를 정하였다.

瑠璃明王

유리명왕

瑠璃明王 立 類利 或云孺留 朱蒙元子 母禮氏

유리명왕 립 유리 혹은유류 주몽원자 모예씨

유리명왕, 유리 또는 유류라고도 쓴다. 주몽의 맏아들로 어머니 는 예씨이다.

初 朱蒙在扶餘 娶禮氏女有娠 蒙歸後乃生 是爲類利

초 주몽재부여 취예씨녀유신 몽귀후내생 시위유리

먼저 주몽이 부여에 있을 때 예씨부인과 혼인하여 임신중이었는 데, 주몽이 부여를 떠나온 후 태어난 아들이 유리이다.

幼年 出遊陌上 彈雀誤破汲水婦人瓦器 婦人罵曰 此兒無父 故頑如此

유년 출유맥상 탄작오파급수부인와기 부인매왈 차아무부 고완여차

어린 시절 유리가 길에서 놀 때 새총을 잘못 쏘아 물 길어 가는 부인의 물동이를 쏘아 맞혔다. 그 부인이 "이놈은 아비가 없는 자 식이라 이렇게 노는구나" 하며 욕을 하였다.

類利慙 歸問母氏 我父何人 今在何處

육리참 귀문모씨 아부하인 금재하처

유리가 그 말을 듣고 수치심을 느끼며 집으로 돌아와 어머니에게
"제 아버지는 어떤 사람이며 지금 어디에 계십니까?" 하고 물었다.

母曰 汝父非常人也 不見容於國 逃歸南地 開國稱王

모왈 여부비상인야 불견용어국 도귀남지 개국칭왕

어머니가 말하였다. "너의 아버지는 보통 사람이 아니어서 이 나
라 사람들이 시기하고 받아들이지 않았다. 해를 당하기 전에 남쪽
으로 도망가셔서 나라를 세우고 왕이 되신 분이란다."

歸時謂予曰 汝若生男子 則言

귀시위여왈 여약생남자 즉언

"떠나시기 전에 나에게 말하기를 '남자아이를 낳거든, 전해주시오.

我有遺物藏在七稜石上松下 若能得 此者乃吾子也

아유유물장재칠능석상송하 약능득 차자내오자야

내가 어떤 물건을 일곱 능(稜 모서리)의 돌 위에서 자라는 소나
무에 감추었는데, 만약 그것을 찾아오면, 그가 내 아들인 줄 알겠다
고 말이오' 하였단다."

類利聞之 乃往山谷 索之不得 倦而還

육리문지 내왕산곡 색지부득 권이환

유리가 그 말을 듣고 일곱 능이 나란히 있는 곳을 찾아 산과 계

곡으로 물건을 찾으러 다녔다. 그러나 찾지 못하고 지쳐서 돌아왔다.

一旦在堂上 聞柱礎間若有聲 就而見之
일단재당상 문주초간약유성 취이견지
어느 날 마루 위에 앉아 있는데 기둥 밑의 주춧돌에서 무슨 소리가 들리는 것 같았다. 기둥에 바짝 다가가서 살펴보았더니,

礎石有七稜 乃搜於柱下 得斷劒一段
초석유칠능 내수어주하 득단검일단
주춧돌이 일곱 모서리로 되어 있는 것이 아닌가! 곧 기둥 밑을 살펴 부러진 칼 한 조각을 찾았다.

遂持之與屋智 句鄒 都祖等三人 行至卒本 見父王 以斷劒奉之
수지지여옥지 구추 도조등 3인 행지졸본 견부왕 이단검봉지
이윽고 검의 한 조각을 가지고 옥지, 구추, 도조 등 세 명의 친구들과 함께 졸본으로 가서 부왕을 찾아뵙고 부러진 검 조각을 바쳤다.

王出己所有斷劒 合之 連爲一劒 王悅之 立爲太子 至是繼位
왕출기소유단검 합지 연위일검 왕열지 입위태자 지시계위
왕이 자기가 갖고 있던 다른 한 조각 검을 가지고 나와 맞추니 꼭 맞아 하나의 검이 되었다. 왕이 아들이라며 기뻐하고 태자로 삼았다. 왕이 승하하니 이때 유리가 계승한 것이다.

高句麗本紀 第 一
始祖東明聖王

始祖東明聖王 姓高氏 諱朱蒙 一云鄒牟 一云衆解 先是 扶餘王 解
夫婁 老無子 祭山川求嗣 其所御馬至鯤淵 見大石 相對流 王怪之 使
人轉其石 有小兒 金色蛙形蛙 一作蝸 王喜曰 此乃天賚我令胤乎 乃收
而養之 名曰金蛙 及其長 立爲太子 後 其相阿蘭弗曰 日者 天降我曰
將使吾子孫立國於此 汝其避之 東海之濱有地 號曰迦葉原 土壤膏腴
宜五穀 可都也 阿蘭弗遂勸王 移都於彼 國號東扶餘 其舊都有人 不知
所從來 自稱天帝子解慕漱 來都焉 及解夫婁薨 金蛙嗣位 於是時 得女
子於太白山南優渤水 問之 曰 我是河伯之女 名柳花 與諸弟出遊 時有
一男子 自言天帝子解慕漱 誘我於熊神山下鴨綠邊室中 私之 卽往不
返 父母責我無媒而從人 遂謫居優渤水 金蛙異之 幽閉於室中 爲日所
炤 引身避之 日影又逐而炤之 因而有孕 生一卵 大如五升許 王棄之
與犬豕 皆不食 又棄之路中 牛馬避之 後棄之野 鳥覆翼之 王欲剖之
不能破 遂還其母 其母以物裹之 置於暖處 有一男兒 破殼而出 骨表英

奇 年甫七歳 嶷然異常 自作弓矢 射之 百發百中 扶餘俗語 善射爲朱
蒙 故以名云 金蛙有七子 常與朱蒙遊戲 其伎能皆不及朱蒙 其長子帶
素言於王曰 朱蒙非人所生 其爲人也勇 若不早圖 恐有後患 請除之 王
不聽 使之養馬 朱蒙知其駿者 而減食令瘦 駑者 善養令肥 王以肥者自
乘 瘦者給朱蒙 後 獵于野 以朱蒙善射 與其矢小而朱蒙殪獸甚多 王子
及諸臣又謀殺之 朱蒙母陰知之 告曰 國人將害汝以汝才略 何往而不
可 與其遲留而受辱不若遠適以有爲 朱蒙乃與烏伊 摩離 陝父等三人
爲友 行至淹㴲水一名盖斯水 *在今鴨綠東北* 欲渡無梁 恐爲追兵所迫
告水曰 我是天帝子 河伯外孫 今日逃走 追者垂及如何 於是 魚鼈浮出
成橋 朱蒙得渡 魚鼈乃解 追騎不得渡 朱蒙行至毛屯谷*魏書云 至普述*
水 遇三人 其一人着麻衣 一人着衲衣 一人着水藻衣 朱蒙問曰 子等何
許人也 何姓何名乎 麻衣者曰 名再思 衲衣者曰 名武骨 水藻衣者曰
名黙居 而不言姓 朱蒙賜再思姓克氏 武骨仲室氏 黙居少室氏 乃告於
衆曰 我方承景命 欲啓元基 而適遇此三賢 豈非天賜乎 遂揆其能 各任
以事 與之俱至卒本川*魏書云 至紇升骨城* 觀其土壤肥美 山河險固 遂
欲都焉 而未遑作宮室 但結廬於沸流水上 居之 國號高句麗 因以高爲
氏 一云 *朱蒙至卒本扶餘 王無子 見朱蒙知非常人 以其女妻之 王薨*
朱蒙嗣位 時 朱蒙年二十二歲 是漢孝元帝建昭二年 新羅始祖赫居世
二十一年甲申歲也 四方聞之 來附者衆 其地連靺鞨部落 恐侵盜爲害
遂攘斥之 靺鞨畏服 不敢犯焉 王見沸流水中 有菜葉逐流下 知有人在
上流者 因以獵往尋 至沸流國 其國王松讓出見曰 寡人僻在海隅 未嘗
得見君子 今日邂逅相遇 不亦幸乎 然不識吾子自何而來 答曰 我是天
帝子 來都於某所 松讓曰 我累世爲王 地小不足容兩主 君立都日淺 爲
我附庸可乎 王忿其言 因與之鬪辯 亦相射以校藝 松讓不能抗

二年 夏六月 松讓以國來降 以其地爲多勿都 封松讓爲主 麗語謂復
舊土爲 多勿故以名焉

三年 春三月 黃龍見於鶻嶺 秋七月 慶雲見鶻嶺南 其色靑赤

四年 夏四月 雲霧四起 人不辨色七日 秋七月 營作城郭宮室

六年 秋八月 神雀集宮庭 冬十月 王命烏伊 扶芬奴 伐太白山東南
荇人國 取其地 爲城邑

十年 秋九 鸞集於王臺 冬十一月 王命扶尉猒 伐北沃沮 滅之 以其
地爲城邑

十四年 秋八月 王母柳花薨於東扶餘 其王金蛙以太后禮 葬之 遂立
神廟 冬十月 遣使扶餘饋方物 以報其德

十九年 夏四月 王子類利自扶餘與其母逃歸 王喜之 立爲太子 秋九
月 王升遐 時年四十歲 葬龍山 號東明聖王

瑠璃明王

瑠璃明王 立 類利 或云孺留 朱蒙元子 母禮氏 初 朱蒙在扶餘 娶禮
氏女有娠 蒙歸後乃生 是爲類利 幼年 出遊陌上 彈雀誤破汲水婦人瓦
器 婦人罵曰 此兒無父 故頑如此 類利慙 歸問母氏 我父何人 今在何
處 母曰 汝父非常人也 不見容於國 逃歸南地 開國稱王 歸時謂予曰
汝若生男子 則言我有遺物 藏在七稜石上松下 若能得此者 乃吾子也
類利聞之 乃往山谷 索之不得 倦而還 一旦在堂上 聞柱礎間若有聲 就
而見之 礎石有七稜 乃搜於柱下 得斷劍一段 遂持之與屋智 句鄒 都祖
等三人 行至卒本 見父王 以斷劍奉之 王出己所有斷劍 合之 連爲一劍
王悅之 立爲太子 至是繼位

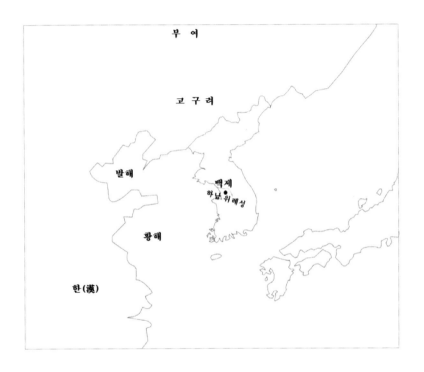

동명왕의 아들들이 세운 나라

 백제를 세운 시조는 온조왕이다. 시조 온조왕의 아버지 이름은 추모인데, 혹은 주몽이라고도 불린다. 주몽은 북부여의 난을 피해 졸본부여로 온 사람이다. 주몽이 졸본부여로 피해 왔을 때, 졸본부여의 왕에게는 아들 없이 딸만 셋이 있었다. 왕은 주몽을 보고 보통 사람이 아니라고 판단하여 아직 혼인하지 않은 둘째 딸을 주몽과 혼인시키며 사위로 삼았다. 주몽이라면 한 왕국을 다스릴 만하다고 본 것이다. 그렇게 주몽은 졸본부여 왕의 후계자가 되었다. 얼마 후 왕이 돌아가시자 주몽이 졸본부여의 왕위를 이어받았다.

 주몽은 두 아들을 낳았는데, 첫째는 비류이고 둘째는 온조이다. 두 왕자는 당연히 아버지 주몽의 왕국을 물려받을 것으로 생각하며 자랐다. 그런데 왕자들이 왕위를 이어받을 만큼 다 자란 젊은이가 되었을 때, 갑자기 주몽이 북부여에 있을 때 낳은 아들이 왕을 찾아왔다. 그러자 왕은 맏아들이라는 이유로 북부여에서 아버지 없이 홀로 성장한 아들을 태자로 삼았다. 왕이 돌아가시자 태자였던 이복형이 아버지의 왕위를 물려받았다.

비류와 온조 형제는 아버지가 안 계신 나라에서 왕이 된 이복형에게 화를 당할까 걱정하게 되었다. 이에 비류와 온조 형제는 어머니를 모시고 오간·마려 등 10명의 신하들과 함께 이복형이 다스리는 나라를 떠나기로 하였다. 그들은 더 남쪽으로 가서 그들만의 새 나라를 건설하자고 계획하고 출발하였는데, 이때 많은 백성들이 두 왕자를 따라나섰다.

일행은 행군 끝에 지금의 북한산으로 추정되는 한산이라는 곳에 도착했다. 그들은 그 지역을 더 자세히 살피기 위하여 산의 높은 봉우리인 부아악으로 올라갔다. 산 아래를 굽어보며 두루두루 살피니 과연, 도읍을 삼을 만한 드넓은 터가 보였다. 같이 온 늙은 신하들이 이구동성으로 기뻐하며, 이곳이라면 도읍을 세울 만하다고 하였다. 그들은 이제 더 나아갈 필요 없이 도착한 곳에 도읍을 세우고 나라를 건설하자고 하였다. 그런데 비류 왕자는 바다 가까운 곳에 도읍을 건설하는 것이 좋다고 하였다. 그러자 따라온 10명의 신하들이 뜻을 모아 비류왕자에게 간하였다.

"여기 물가 남쪽의 넓은 땅은, 북쪽으로는 한강이 띠를 만들어 경계를 지어주고, 동쪽으로는 높은 돌산이 있으며, 남쪽으로는 비옥한 농토가 펼쳐 있고, 서쪽으로는 바다가 막아주고 있어 하늘이 내려준 은혜로운 도읍지로 보입니다. 이런 곳이 살기 좋은 도읍 터입니다."

그러나 바닷가에 마음을 빼앗긴 비류는 더 이상 듣지 않고 그곳을 떠나려 하였다. 그러자 따라온 백성들도 의견이 분분하더니 일부는 비류 왕자를 따르고자 하였다. 이때 동생 온조는 10명의 신하들이 설명한 의견을 좋게 여기고 그곳에 머물기로 하였다. 그리하여 비류와 온조 형제는 서로 헤어져 각각 자신을 따르는 백성들을 거느리게 되었다. 비류는 멀리 바다가 있는 미추홀에 닿아 그곳에 도읍을 건설하였다.

동생 온조는 그렇게 형과 헤어져서 강가 남쪽에 남아 성을 쌓으니 이곳이 위례성이다. 훗날 백제의 하남(河南) 위례성이라고 불리는 곳이다. 온조는 10명의 신하들과 함께 세운 나라를 십제(十濟)라고 이름 짓고 스스로 왕이 되었다. 이때가 전한 시대 성제 홍가 3년으로 서기전 18년이며, 고구려에서는 이복형 유리가 왕이 된 지 2년째 되던 해이다. 온조왕은 왕으로 즉위한 그해 5월(서기전 18년)에 먼저 아버지 동명왕의 사당을 세웠다.

미추홀에 도읍을 정한 비류는 그러나 바닷가의 땅이 습하고 물은 짜서 생각보다 살기에 매우 불편하였다. 바다로 경계를 지은 넓은 땅이 좋아 보였는데 농사가 잘 안 되니 생활이 몹시 어려웠던 것이다. 비류가 걱정에 잠긴 채 동생 온조를 보러 잠시 위례성에 들르게 되었다. 그런데 자신이 싫다고 떠나서 동생이 홀로 물가 남쪽 하남에 세운 새 나라는 세 발이 달린 솥처럼 튼튼하고 안정적인 도읍이 되어 있었다. 형인 비류는 온조의 인민(人民)들이 편히 살고 있는 모습을 보고는 바닷가를 고집한 자신의 결정을 뉘우치며 후회하다가 그만 병이 들어 죽고 말았다. 그 후로 비류를 따라갔던 미추홀의 인민들이 다시 온조의 위례성으로 모였다. 백성들이 많아지자 온조는 나라 이름을 십제에서 백제(百濟)로 바꾸었다.

온조는 아버지 동명왕이 부여 출신이라는 것을 내세워 자신의 성을 '부여'라 하였다. 이후로 백제 왕들의 성은 대대로 부여 씨가 되었다.

한편 백제의 시조에 대해 다른 이야기도 전해져 오고 있다. 백제의 시조가 온조왕이 아닌 비류왕자가 먼저라는 것이다. 게다가 비류왕의 아버지는 동명왕이 아닌 우태라고 한다. 우태는 북부여의 왕인 해부루의 서손이라고 한다. 서손이란 법으로 인정해주는 혼인을 통하지 않은 채 사사로운 정으로 맺어져 태어난 자손을 말한다. 비류왕의 아버지는 왕의 자손이지만 서손 출신인 우태이고, 어머니는 소서노라고 한다. 소서노는 졸본 사람 연타발의 딸로 우태에게 시집와서 두 아들을 낳았는데, 첫째가 비류이고 둘째가 온조라는 것이다. 그런데 우태가 일찍 죽자 과부가 된 젊은 소서노는 어린 두 아들을 데리고 다시 친정인 졸본으로 돌아와 살고 있었다.

주몽이 부여에서 자신이 받아들여지지 않자 위기를 느끼고 도망하였는데, 남쪽 땅 졸본 지역에 이른 것이 전한 시대 건소 2년 봄 2월이었다. 주몽은 졸본 땅에 도읍을 정하고 나라 이름을 고구려라고 하였다. 이때 졸본에 살고 있는 과부 소서노를 알게 되어 왕비로 맞아들였다. 새로운 땅에서 나라를 처음 열고 이러저러한 창업의 일을 많이 할 때, 졸본 출신의 소서노는 주몽을 도와 새 나라의 기초를 튼튼히 하였다. 이러한 내조의 힘을 받게 되자 주몽은 소서노를 더욱 총애하게 되었고 더불어 비류와 온조를 자기 아들처럼 아끼고 사랑하였다.

그런데 어느 날 부여에서 혼인한 예씨부인과 아들 유리가 찾아오자 왕은 자신의 친아들 유리를 태자로 삼았다. 이후 주몽이 서거하자 유리가 고구려의 왕이 되었다. 유리가 왕이 되자 비류가 동생 온조에게 말하였다.

"처음에 대왕께서 부여의 난을 피하여 이곳으로 도망 오셨을 때, 우리 어머니께서 집안의 재산을 모두 기울여 보태시며 힘을 다하여 대왕이 나라 세우시는 것을 도우셨다. 그런데 이제 대왕께서 돌아가시고 이 나라는 유리가 모두 차지하더니, 우리는 이곳에서 마치 보기 흉하고 불필요한 혹과 같은 대우를 받고 있어 가슴이 너무 답답하구나. 우리가 이제 어머니를 모시고 남쪽으로 내려가서 따로 우리의 나라를 세우는 것이 어떻겠느냐?"

비류가 이런 뜻을 밝히자 동생 온조가 흔쾌히 따랐다. 이에 자신을 따르는 무리를 이끌고 유리가 왕이 된 고구려를 떠나게 되었다. 비류는 패수와 대수 두 강을 건너 미추홀에 이르렀다. 그리고 미추홀에 머물러 새 나라를 세워 살게 되었다. 비류의 미추홀이 백제의 시작이라고도 한다.

동명왕에 대한 여러 기록을 살펴보면 '동명'과 '우태'라는 이름은 7세기 무렵 중국 당(唐)나라 태종(재위: 626~649)의 명으로 편찬된 역사책 『북사(北史)』와 『수서(隋書)』에서도 등장한다. 『북사』와 『수서』에는 모두 같은 내용으로 매우 짧으며 다음과 같다.

동명의 후손 중에 구태(우태)가 있다. 그는 어질고 신의가 돈독하여 많은 사람들이 따랐다. 그러자 그는 그들과 함께 옛 대방의 땅에 나라를 세웠다. 한나라의 요동 태수 공손도는 구태의 능력을 보고 자기의 딸을 구태에게 시집보냈다. 구태의 나라는 마침내 동쪽에서 가장 강한 나라가 되었다.

이렇게 백제의 시조는 온조라고도 하고 비류라고도 전한다. 온조와 비류의 아버지는 주몽이라고 하는데 우태가 아버지라는 기록도 있다. 또한 동명의 후손인 구태(우태)가 동쪽에서 가장 강한 나라를 세웠다고 하는데(구태는 우태와 같은 인물로 한자로 기록되면서 다르게 쓰인 것으로 보고 있다), 이들 기록 중 '어느 것이 옳은 것인지는 모르겠다'고 김부식은 말하고 있다.

『삼국사기』 백제본기 중
동명왕 부분 원문 음과 번역

百濟本紀 第 一
백제본기 제 1
始祖温祚王
시조온조왕

百濟始祖温祚王 其父鄒牟 或云朱蒙 自北扶餘逃難
백제시조온조왕 기부추모 혹운주몽 자북부여도난

백제의 시조는 온조왕이다. 그의 아버지는 추모인데 혹은 주몽이라고도 불린다. 주몽은 북부여에서 난을 피해 도망 왔다.

至卒本扶餘 扶餘王無子 只有三女子 見朱蒙知非常人 以弟二女妻之
지졸본부여 부여왕무자 지유 3여자 견주몽지비상인 이제이녀처지

졸본부여에 이르렀는데, 그곳 부여 왕은 아들 없이 딸만 셋이 있었다. 부여의 왕은 주몽을 보고 보통 사람이 아니라는 것을 알아보고, 둘째 딸과 혼인시켜 사위로 맞다.

未幾扶餘王薨 朱蒙嗣位 生二子 長曰沸流 次曰溫祚

미 기 부 여 왕 홍 주 몽 사 위 생 2자 장 왈 비 류 차 왈 온 조

얼마 안 가 부여의 왕이 죽자 주몽이 왕위를 물려받았다. 아들 둘을 낳아, 첫째는 비류, 둘째는 온조라고 하였다.

或云朱蒙到卒本 娶越郡女 生二子

혹 은 주 몽 지 졸 본 취 월 군 여 생 2자

한편, 주몽이 졸본부여에 이르러서 이웃의 여자와 혼인하여 아들 둘을 낳았다고도 전한다.

及朱蒙在北扶餘所生子來爲太子

급 주 몽 재 북 부 여 소 생 자 래 위 태 자

그러나 이내 주몽이 북부여에 있을 때 낳은 아들이 오자 그를 태자로 삼았다.

沸流·溫祚恐爲太子所不容

비 류 · 온 조 공 위 태 자 소 불 용

비류와 온조는 새로 온 태자에게 용납되지 못할 것을 두려워하여

逐與烏干·馬黎等十臣南行 百姓從之者多

수 여 오 간 · 마 려 등 10신 남 행 백 성 종 지 자 다

오간, 마려 등 열 명의 신하들과 함께 남쪽 땅에서 새롭게 그들의 나라를 세우려 길을 떠났는데, 백성들이 많이 따랐다

逐至漢山 登負兒嶽 望可居之地 沸流欲居於海濱
슥지한산 등늭아악 망가거지지 비룍욕거어해빈

한산에 도착하여 높은 봉우리 부아악에 올라 땅을 내려다보니 살기에 적당하였다. 그러나 비류는 바닷가에서 살기를 원했다.

十臣諫曰 惟此河南之地 北帶漢水 東據高岳 南望沃澤 西阻大海
10신간왈 육차하남지지 늭대한수 동거고악 남망옥택 서조대해

열 명의 신하들이 간하였다. "여기 하남 땅은 북쪽으로는 한강이 띠를 만들었고, 동쪽에는 높은 산이 있으며, 남쪽으로는 비옥한 땅이 있고, 서쪽으로는 바다가 막아주고 있습니다."

其天險地利 難得之勢 作都於斯 不亦宜乎
기첫험지리 난득지세 작도어사 블역의호

"하늘은 높고 땅은 이로운, 자연적 이득이 많은, 얻기 힘든 최고의 입지입니다. 이곳에 도읍을 세움이 마땅합니다."

沸流不聽 分其民 歸弥 彌鄒忽以居之
비룍블칭 븐기민 키미 미죽홀이거지

비류는 그러나 듣지 않고 백성을 나누어 이끌고 멀리 미추홀에 가서 살았다.

溫祚都河南慰禮城 以十臣爲輔翼 國號十濟 是前漢成帝鴻嘉三年也
온조도하남위례성 이십신위보익 국호십체 시청한성체홍가 3년야

온조는 강의 남쪽 지역에 위례성을 쌓고 열 명 신하들의 보필을 받아 세우게 된 나라 이름을 십제라고 하였다. 이때는 전한 시대

성제 홍가 3년(서기전 18년)이다.

沸流以彌鄒土濕水鹹 不得安居 歸見慰禮 都邑鼎定 人民安泰
비류이미추토습수함 부득안거 귀견위례 도읍정정 인민안태
비류는 미추홀의 땅이 습하고 물은 짜서 살기에 적당하지 않아 위례로 돌아와 보니, 도읍이 세 발 솥이 세워진 듯 안정적이라 인민들이 편히 살고 있었다.

遂慙悔而死 其臣民皆歸於慰禮 後以來時 百姓樂從 改號百濟
수참회이사 기신민개귀어위례 후이래시 백성락종 개호백제
부끄러워 뉘우치며 후회하다가 죽고 말았다. 이후로 비류의 백성들이 모두 위례로 와서 즐겁게 따르니, 나라 이름을 백제로 고쳤다.

其世系 與高句麗同出扶餘 故以扶餘爲氏
기세계 여고구려동출부여 고이부여위씨
온조의 가계는 고구려와 같은 부여 출신이다. 그래서 성을 부여씨라 했다.

一云 始祖沸流王 其父優台 北扶餘王解扶婁庶孫 母召西奴
일운 시조비류왕 기부우태 북부여왕해부루서손 모소서노
일설에는, 백제의 시조는 비류라고도 전한다. 비류의 아버지는 우태이다. 우태는 북부여의 왕 해부루의 자손인데, 왕비가 아닌 첩이 낳은 아들로 서손이다. 비류왕의 어머니는 소서노이다.

卒本人延陀勃之女 始歸于優台 生子二人 長日沸流 次日温祚

졸본인연타발지녀 시키우우태 생자 2인 장왈비류 차왈온조

소서노는 졸본 사람 연타발의 딸인데 우태에게 시집와서 아들 둘을 낳았다. 첫째가 비류이고 둘째가 온조이다.

優台死 寡居于卒本

우태사 과거우졸본

우태가 죽자 과부가 된 그녀는 졸본에서 살았다.

後朱蒙不容於扶餘 以前漢建昭 二年春二月 南奔至卒本

후주몽불용어부여 이전한건소 2년춘 2월 남분지졸본

후에 주몽이 부여에서 용납되지 못하여 남쪽으로 도망하여 졸본에 도착한 것이 전한 시대 건소 2년 봄 2월이었다.

立都 號高句麗 娶召西奴爲妃 其於開 基創業 頗有內助

입도 호고구려 취소서노위비 기어개 기창업 파유내조

졸본에 도읍을 정하고 나라 이름을 고구려라 하고는, 소서노를 왕비로 맞았는데, 그녀는 나라를 일구는 데 아주 많은 내조를 하였다.

故朱蒙寵接之特厚 待沸流等如己子 及朱蒙在扶餘所生禮氏子孺留來

고주몽총접지특후 대비류등여기자 급주몽재부여소생예씨자유류래

그래서 주몽은 그녀를 특별히 총애하였고 비류와 온조를 자기 아들처럼 대하였다. 그러나 부여에서 예씨부인과의 사이에서 낳은 친아들 유류(유리)가 오자

立之爲太子 以至嗣位焉 於是 沸流謂弟温祚日

입지위태자 이지사위언 어시 비류위제온조왈

유류를 태자로 삼고 왕위를 물려주었다. 이에 비류가 동생 온조에게 말하였다.

始大王避夫餘之難 逃歸至此 我母氏傾家財 助成邦業 其勤勞多矣

시대왕피부여지난도귀지차 아모씨경가재 조성방업 기근로다의

"처음에 대왕께서 부여를 피해 이곳으로 도망 오셨을 때 우리 어머니께서 집안의 재산을 모두 기울여 새 나라 고구려를 세우는 데 온 힘을 쏟으셨다."

及大王猒世 國家屬於孺留 吾等徒在此 欝欝如尤贅

급대왕염세 국가속어유류 오등도재차 울울여우췌

"이제 대왕이 돌아가시고 나라는 유류(유리)에게 속하였으니, 이곳에서 지내기가 힘들게 되었다. 대왕이 안 계신 지금 마치 혹과 같은 군더더기 대우를 받고 있으니 가슴이 매우 답답하구나."

不如奉母氏南遊卜地 別立國都

불여봉모씨남유복지 별립국도

"이제 우리가 어머니를 모시고 남쪽으로 가서, 우리의 나라를 새로이 세우는 것이 어떻겠느냐."

遂與弟率黨類 渡浿·帶二水 至彌鄒忽以居之

수여제솔당류 도패·대 2수 지미추홀이거지

마침내 동생과 따르는 무리를 이끌고 패수와 대수, 두 강을 지나 미추홀에 이르러 도읍을 정하고 살았다.

北史及隋書皆云 東明之後有仇台 篤於仁信 初立國于帶方故地
북사급수서개운 동명지후유구태 독어인신 초립국우대방고지

북사와 수서에서는 모두 동명에게는 구태라는 후손이 있는데, 그는 어질고 신의가 돈독하여 옛 대방의 땅에 나라를 세웠다고 한다.

漢遼東大守公孫度 以女妻之 遂爲東夷强國
한요동대수공손도 이여처지 수위동이강국

한나라의 요동 태수 공손도가 자신의 딸을 주어 구태를 사위로 삼았다. 마침내 구태는 동쪽에서 강한 나라가 되었다.

未知孰是
미지숙시

(옛글에서 백제의 시조는 온조다, 비류다, 온조의 아버지는 동명이다, 우태다 하니) 무엇이 옳은지 나(김부식)는 알지 못하겠다.

元年夏五月 立東明王廟
원년하 5월 입동명왕묘

시조 온조왕은 즉위한 해 여름 5월에 아버지 동명왕의 사당을 세웠다.

◈ 『삼국사기』 백제본기 중 동명왕 부분 원문

百濟本紀 第 一
始祖温祚王

百濟始祖温祚王 其父鄒牟 或云朱蒙 自北扶餘逃難 至卒本扶餘 扶餘王無子 只有三女子 見朱蒙知非常人 以第二女妻之 未幾扶餘王薨, 朱蒙嗣位 生二子 長曰沸流 次曰温祚 或云朱蒙到卒本 娶越郡女 生二子 及朱蒙在北扶餘所生子來爲太子 沸流·温祚恐爲太子所不容 遂與烏干·馬黎等十臣南行 百姓從之者多. 遂至漢山 登負兒嶽 望可居之地 沸流欲居於海濱 十臣諫曰 惟此河南之地, 北帶漢水 東據高岳 南望沃澤 西阻大海 其天險地利 難得之勢 作都於斯 不亦宜乎 沸流不聽 分其民 歸弥 彌鄒忽以居之 温祚都河南慰禮城 以十臣爲輔翼 國號十濟 是前漢成帝鴻嘉三年也 沸流以彌鄒土濕水鹹 不得安居 歸見慰禮 都邑鼎定 人民安泰 遂慙悔而死 其臣民皆歸於慰禮 後以來時 百姓樂從 改號百濟 其世系 與高句麗同出扶餘 故以扶餘爲氏 一云 始祖沸流王 其父優台 北扶餘王解扶婁庶孫 母召西奴 卒本人延陁勃之女 始歸于優台 生子二人 長曰沸流 次曰温祚 優台死 寡居于卒本 後朱蒙不容

於扶餘 以前漢建昭二年春二月 南奔至卒本 立都 號高句麗 娶召西奴
爲妃 其於問 基創業 頗有內助 故朱蒙寵接之特厚 待沸流等如己子 及
朱蒙在扶餘所生禮氏子孺留來 立之爲大子 以至嗣位焉 於是 沸流謂
弟溫祚曰 始大王避扶餘之難 逃歸至此 我母氏傾家財 助成邦業 其勤
勞多矣 及大王猒世 國家屬於孺留 吾等徒在此 欝欝如疣贅 不如奉母
氏南遊卜地 別立國都 遂與弟率黨類 渡浿·帶二水 至彌鄒忽以居之
北史及隋書皆云 東明之後有仇台 篤於仁信 初立國于帶方故地 漢遼
東大守公孫度 以女妻之 遂爲東夷強國 未知孰是 元年夏五月 立東明
王廟

◈ 김부식의 『삼국사기』는

『삼국사기』는 12세기 초 고려시대 인종이 당대 최고의 학자라고
불리던 김부식(1075~1151)에게 명하여 편찬하게 한 역사서이다.

『삼국사기』는 고려의 명신인 김부식이 그 당시 남아 있었던 고구
려, 백제, 신라, 가야 등 각국의 역사책과 문헌 등을 살펴 편집한 우
리나라 고대 역사서이다. 당시 인종은 우리나라 역사책이 따로 없음
을 안타깝게 여겨 새로이 역사책을 편찬하라는 명을 내렸다. 김부식
또한 그에 공감하면서 당시 고려 지식인들이 중국 문헌을 읽고 중
국 역사는 줄줄이 외우면서 우리나라 옛 역사를 모르는 것은 매우
개탄할 일이라고 하였다. 이것은 우리나라 역사서 가운데 읽을 만한
것이 없기 때문이기도 하다면서 새로운 역사책의 필요성을 역설하
였다. 이렇게 『삼국사기』가 편찬되어 오늘에 전해지고 있다.

김부식은 『삼국사기』에서 고구려의 시조 동명왕을 언급할 때, 고
구려본기와 백제본기에 각각 분량을 나누어 같은 내용이 겹치지 않
도록 배려한 듯하다. 고구려본기에서는 나라의 시조로서 그의 일대
기라 할 수 있는 출생에서부터 나라를 건국한 과정과 통치 활동을
시간순으로 알기 쉽게 정리해놓았다.

같은 책인데도 백제본기에서는 온조의 아버지라는 측면을 주로 다루었다. 그런데 백제본기에서는 주몽의 고구려 건국 과정이 고구려본기와는 사뭇 다르게 이야기되고 있다. 사실인지 아닌지 진위를 알지 못하겠으나 내려오는 이야기를 함부로 삭제할 수도 없어서 있는 그대로 전한다고 하였다. 그런 의도에 따라 비록 매우 짧지만 『북사』와 『수서』에 있는 동명왕에 대한 기록도 적고 있다.

3부

이규보의 『동국이상국집』

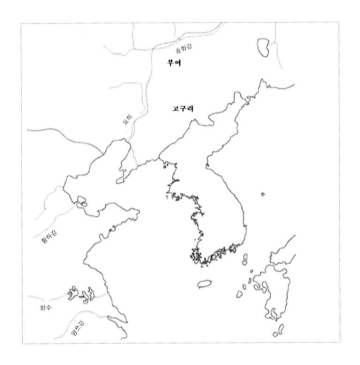

햇빛의 기(氣)로 태어난
하늘의 아들 주몽

지금 고려 어디를 가든 고구려를 세운 시조(始祖) '동명왕'에 대한 신기하고도 이상한 이야기가 널리 퍼져 있다. 아무리 어리석은 사람일지라도 남녀노소 할 것 없이 동명왕에 대한 이야기는 모두 잘 알고 있다. 나 또한 일찍이 그 이야기를 들었으나 너무 어이없어 웃고 말았다. 내가 배운 바에 의하면, 일찍이 학문의 으뜸인 공자께서는 기이한 힘으로 정신을 어지럽히는 귀신에 대하여 일절 언급하지 않았다. 학문을 공부하는 사람이라면 잡스러운 속임수와 요술과 같은 괴이한 이야기에 빠져서는 안 된다는 것이다. 따라서 나는 이치에 맞지 않는 그 허무맹랑한 동명왕의 이야기는 공부하는 사람들이 서로 얘기할 것이 못 된다고 생각했다.

어느 날 중국의 북제(北齊: 550～577) 시대에 편찬된 역사책 『위서(魏書)』와 당(唐: 618～907)나라 시대에 편찬된 『통전(通典)』을 읽어보았다. 사실에 입각한 역사서로 인정받는 중국의 역사책에서 우리 동명왕의 행적을 읽을 수 있었는데, 세간에 나도는 것처럼 신비하고 황당하게 기록되어 있어 읽으면서도 믿기 어렵기는 마찬가지였다. 게다가 그들 중국인의 기록은 간략하고 짧아 자세하지도 않았다. 만약 동명왕이 중국 왕이었다면 자세히 많은 내용을 남겼으련만, 변방에 있는 남의 나라 일이라고 대수롭지 않게 여겨 그리 간단히 적은 듯하다.

　지난 계축년(고려 명종 23년, 서기 1193년) 4월에 『구삼국사(舊三國史)』를 얻어 고구려 동명왕 본기(東明王本紀)를 읽게 되었는데, 그의 행적에 대해서 세상에서 말하는 것보다 훨씬 더 기이하게 서술되어 있었다. 너무도 황당한 이야기인지라 처음에는 믿지 못하고 그저 괴상하고 쓸데없는 잡귀신 이야기라 여겼다. 고구려의 시조 동명왕에 대한 이야기건만 한없이 어리석고 허무맹랑한 말들로 기록되어 있어 어이없을 뿐이었다. 그러다가 문득 '사실을 기록하는 역사서에 왜 이런 것을 적었을까?' 하는 의문이 생겼다. 동명왕이 고구려를 세웠다는 것은 모두가 다 아는 사실인데 어째서 이런 황당한 글이 남게 되었는지, 동명왕 이야기를 이토록 허무맹랑하게 기록해놓은 까닭이 무엇일까 궁금해졌다. 그래서 이야기를 천천히 서너 차례 거듭 반복해 읽으면서 글의 참뜻이 무엇인지 찾기 시작하였다. 그리하여 곰곰이 되짚어 보니 이것은 그저 황당하고 괴상한 이야기로 단순히 재미만을 위해 쓴 것이 아니라는 생각이 들었다. 옛날 사람들의 어리석고 별난 허깨비 이야기가 아니라, 역경을 이겨내고 우리나라를 일으킨 영웅을 아름답게 그리고 더욱 성(聖)스럽게 찬양하는 글이라는 생각이 들었다. 요상한 잡귀신이 아닌 신(神)적이며 성(聖)스러운 왕(王)에 대한 이야기였던 것이다. 게다가 『구삼국사』나 『위서』 그리고 『통전』은 모두 있었던 일들을 사실 그대로 기록한 역사서들이 아닌가. 이런 역사책에 터무니없는 말을 남길 리가 없는 것이다.

김부식이 나라의 명을 받아 우리의 옛날 『국사(國史)』를 다시 편찬할 때, 고구려 동명왕의 이야기를 아주 간략하게만 기록하였다. 김부식의 『삼국사기』에는 우리가 알고 있는 동명왕의 희한하고 신비로운 이야기가 별로 없다. 생각건대 김부식 공(公)이라면 당대 최고의 실력을 갖춘 유학자로서 공자의 가르침에 충실했을 터, 아마도 공은 국사란 세상을 바로잡는 글인데 차마 이치에 맞지 않는 이상한 일들이 역사서에 적혀 있다는 이유로 무작정 그대로 옮겨 적지는 못했을 것이다. 동명왕과 관련해서 꿈속에서나 또는 공상에서나 나올 법한 일들이 자주 등장하니 이를 허튼소리라 생각했던 것이 틀림없다.

나 또한 처음에는 동명왕 이야기를 읽으면서 비웃지 않았는가! 그러니 한 나라의 책임 있는 관리이자 자타가 공인하는 지식인이었던 김부식은 어떠하였겠는가? 왕명을 받들어 서술한 역사적인 글에 그런 허무맹랑한 동명왕의 행적을 기록하여 후세에 전하는 것은 옳지 못한 일이라고 생각하였을 것이다. 이런 까닭에 공(公)의 『삼국사기』에서 동명왕의 기록은 짧아질 수밖에 없었을 것이다.

당 현종 본기(唐玄宗本紀)와 양귀비전(楊貴妃傳)을 보더라도 술법을 부려 하늘을 날고 땅으로 들어갔다는 신선들의 허무맹랑한 이야기는 없다. 그런데 당나라 시인 백낙천(白樂天)이 세간에 떠도는 이야기들이 사라지는 것을 아쉬워하여 「장한가(長恨歌)」라는 시(詩)로 지어 남겼다. 백낙천이 지은 장한가의 내용은 실제 있지도 않았던 일이다. 그저 상상으로만 지어낸 이야기인 것이다. 게다가 황당하고 음란하며 기괴하기가 이루 말할 수 없건만, 그럼에도 불구하고 자자손손 후세를 이으며 널리 알려지고 있지 않은가!

반면, 지금 사서(史書)에서 전하는 우리 동명왕의 건국 이야기는 엄연한 사실이다. 장한가처럼 상상하여 꾸민 것이 아니다. 괴이한 도술 이야기로 여러 사람의 눈을 속이려는 것도 아니다. 먼 옛날 실제로 우리나라를 처음 창건한 왕에 대한 이야기이다. 모든 고난과 역경에 당당하게 맞서 온몸으로 부딪쳐 이겨낸 거룩한 왕에 대한 숭고한 이야기이다. 용감하고 위대한 왕의 발자취를 신성(神聖)한 것으로 받들어 기록한 것이다.

이제 늦게라도 내가 읽은 이것을 기록해두지 않는다면, 훗날 뒷사람들은 역사서에는 기록되지 않은 이 동명왕의 거룩한 행적을 어찌 알겠는가? 이런 생각에 내가 읽은 '동명왕'에 대한 역사적 발자취를 시로 지어 따로 남기려 한다. 그리하여 우리 후손들에게 우리나라가 본래 성인(聖人)이 이룩한 나라라는 것을 영원히 잊지 않도록 하며, 이를 온 누리에 알리고자 한다.

-동명왕을 시로 지으며 이규보 씀-

아득히 먼 옛날, 세상이 처음 열리자 제일 먼저 '천황씨(天皇氏)'가 나타났다. 천황씨는 몸은 하나요, 머리는 열셋이었다. 그는 세상의 모든 것을 구분 짓는 일을 했다. 하늘과 땅을 구별하고, 낮과 밤 그리고 음(陰)과 양(陽) 등을 나누었다. 천황씨는 일만 팔천 년 동안 이 일을 하고는 어디론가 사라졌다. 그 뒤를 이어 몸은 하나인데 머리가 열하나 달린 '지황씨(地皇氏)'가 나타나 만물(萬物)을 만들기 시작했다. 하늘에는 별과 구름을, 땅에는 산과 강, 나무와 꽃 등을 만들었다. 지황씨도 일만 팔천 년 동안 온갖 사물을 만들어 세상을 가득 채우더니 홀연히 사라졌다. 뒤이어 몸 하나에 머리가 아홉인 '인황씨(人皇氏)'가 나타났다. 그 역시 일만 팔천 년 동안 생물과 동물을 창조하고는 흔적 없이 사라졌다.

세상이 열리고 헤아릴 수 없는 아득한 시간 동안 만물을 창조하던 이들은 하나같이 신비롭고 무한한 힘을 지니고 있었다. 한낱 연약한 사람은 세상의 거친 바람과 세찬 물살, 힘센 짐승들에 억눌려 겨우겨우 살아가고 있었으니, 사람을 어여삐 여긴 신들이 종종 나타나 도와주거나 위대한 성인(聖人)이나 힘센 거인을 보내주었다. 그 신비한 힘을 지닌 신(神)과 성인(聖人)들, 거인들의 이야기는 사람들의 입에서 입으로, 기록에서 기록으로 전해지고 있다.

황제(黃帝) 헌원씨(軒轅氏)가 세상을 다스리던 시절, 그의 부인 여절은 큰 별이 내뿜는 강한 빛을 받고 임신을 하더니 아들 '지(摯)'를 낳았다. 황제(黃帝)는 사람들을 위해 의복과 수레, 문자 등을 만들고 마지막으로 구리를 캐어 커다란 쇠솥을 만들었다. 일을 다 마치고 나자 하늘에서 수염 달린 용이 내려와 황제를 모시고 하늘로 올라갔다. 그러자 아들 지가 황제(黃帝) 헌원씨(軒轅氏)의 뒤를 이어 세상을 다스렸다. 지가 임금이 되자 모두들 그를 소호 금천씨(少昊 金天氏)라고 불렀다. 소호 금천씨는 여추를 아내로 맞이하였다. 어느 날 여추의 몸에 북두칠성의 빛이 비추더니, 그로 인하여 아들을 낳았다. 이 아이가 나중에 소호 금천씨의 뒤를 이어 세상을 다스리는 전욱 고양씨이다.

전욱 고양씨는 세상의 모든 만물이 제멋대로인 것을 보고 질서를 잡고자 하였다. 모든 사물과 생명을 한 곳에 모아놓고 위와 아래로 구분하니 해가 비추는 곳은 늘 해만 비추고, 해가 없는 곳은 늘 캄캄하였다. 물이 넘치는 곳은 계속 넘치고 물이 없는 곳은 갈증에 허덕였다. 남자를 위에 두고 여자를 아래에 두니, 남자가 지나갈 때 여자는 비켜서 멈추어야 했다. 이에 불만을 품은 자들이 공공을 중심으로 전욱에게 대항하는 전쟁을 일으켰는데, 그만 패하고 말았다. 공공은 분을 못 이겨 하늘을 떠받치고 있는 부주산(不周山)을 들이받았다. 이로 인해 하늘이 무너져 내리기 시작하자 여와씨가 달려와 옥구슬을 녹여 무너진 부주산 이곳저곳을 메꾸어서 하늘을 다시 올려놓았다. 한편 공공은 패하였지만 덕분에 전욱이 붙잡아 두었던 사물들이 자유롭게 되어 이때부터 해와 달, 별 등이 움직이면서 골고루 비추게 되었고 물도 자유롭게 여기저기 흐르게 되었다고 한다.

사람 얼굴에 뱀의 몸을 하고 있는 복희씨(伏羲氏)는 사람들에게 하늘을 공경하며 제사 지내는 법과 제도를 만들어 널리 알렸다. 수인씨(燧人氏)는 사람들에게 부싯돌을 이용해 불을 만드는 법을 가르쳐주었고, 소의 머리에 사람의 몸을 한 신농씨(神農氏)는 온갖 풀과 나무 등을 먹어보고 키워보면서 농사짓는 법을 알려주었다. 요임금은 달력을 만들어 인간에게 시간을 가르쳐주었다. '명협'이라는 풀이 하루에 한 잎씩 피어 15일 동안 15개의 잎이 피더니, 다시 15일 동안은 한 잎씩 떨어지는 것을 보고 지혜로운 요임금이 '한 달 30일'을 정한 달력을 만들어주었다. 우임금은 대홍수를 다스려 사람들에게 은혜를 베풀었다.

태곳적 순박한 시절에는 신령(神靈)스럽고 성(聖)스러운 이야기가 너무 많아 일일이 기록할 수 없을 정도였다. 인간의 모습이거나, 반은 인간이요, 반은 짐승의 모습이면서 뛰어난 재주와 힘을 가진 영웅들이 존경받던 시대였다. 그런데 시간이 지날수록 생활이 편안해지고 사람들의 재주가 점점 늘어나더니 이제는 신인(神人)들의 도움이 점점 필요 없게 되었다. 그러자 사람들이 점차 야박하고 경박스러워졌다. 생활과 풍속은 점점 더 사치스럽고 요란해졌다. 이제는 굳이 위대한 성인이나 거인의 도움이 없어도 생활이 넉넉해졌다. 더 이상 성인(聖人)이나 신인(神人)의 등장을 고마워하지도 않고 존경하지도 않게 되었다. 그러자 차츰 성인이 더 이상 나타나지 않게 되었고, 성인(聖人)들의 신이(神異)한 자취도 점점 사라져 찾아보기 어려워졌다.

옛날 부여에 해부루왕이 살았다. 늙도록 아들이 없자 산신과 수신, 하늘의 신에게 아들을 기원하는 제를 올렸다. 어느 날 제를 올리러 궁을 나선 왕이 곤연을 지날 때 왕이 탄 말이 더 이상 가지 않고 앞에 있는 커다란 바위를 보며 서서 눈물을 흘리고만 있었다. 이상하다고 여긴 왕이 신하들에게 돌을 치우라 명하고 보니 바위 밑에 어린아이가 있었다. 개구리처럼 엎드려 있는 아이에게서 금빛 광채가 났다. 아들을 기원하던 왕은 하늘이 주신 아이라 생각하고 궁으로 데리고 왔다. 아이를 발견했을 때 금빛 나는 개구리처럼 웅크리고 있던 것을 따라 '금개구리'라는 뜻의 '금와(金蛙)'라고 이름 지었다. 왕은 영특하고 늠름하게 자란 금와를 태자로 삼았다.

하루는 재상 아란불이 왕에게 아뢰었다.

"지난밤 꿈에 천제가 나타나 하늘의 자손으로 하여금 이곳을 다스리게 할 것이니 나라를 떠나라고 하였습니다. 동쪽 편에 가섭원 이라는 곳이 있는데, 그곳은 넓고 온화하니 새로운 도읍지로 적합할 것으로 생각됩니다." 해부루왕은 그의 말에 따라 도읍을 옮겼으니, 떠나온 옛 도읍지를 북부여라 하고 새로 옮겨온 곳을 동부여라 불렀다.

해부루왕이 떠난 북부여에는 하늘임금의 아들 해모수가 내려와 도읍으로 정하고 자신을 '북부여의 왕'이라고 칭하였으니, 그때가 서기전 59년 밤하늘이 초여름 4월을 가리킬 때였다. 해모수가 오룡거를 타고 하늘에서 내려올 때 시종 100여 명이 함께 따라왔는데, 모두 저마다 고운 색의 옷을 입고 고니를 타고 내려왔다. 펄럭이는 그 모습은 마치 오색 깃발이 둥둥 하늘에 휘날리는 것 같아 아름답기 그지없었으며, 구름은 오묘한 빛을 내고 하늘은 맑고 우렁찬 풍악소리 울리니 장엄하고 눈부신 신의 행차였다.

하늘의 아들 해모수는 웅심산(熊心山) 꼭대기에 오룡거를 멈추고 십여 일을 머물더니 이윽고 부여의 옛 도읍지로 행차하는데, 머리에는 검은 까마귀 깃털로 장식한 오우관(烏羽冠)을 쓰고, 허리춤에는 하늘의 왕자임을 상징하는 용광검(龍光劍)이 번쩍거렸다. 예로부터 왕은 하늘이 내리는 법이라 하여 모든 임금이 다 천명(天命)을 받는다고 했지만 밝은 대낮에 맑고 푸른 하늘에서 내려오신 분은 오직 해동의 해모수뿐이었다.

하늘의 아들 해모수는 아침에 내려와 인간 세상을 다스리고 저녁에는 다시 하늘의 천궁(天宮)으로 돌아갔다. 사람들이 말하기를 하늘에서 땅까지 거리가 2억 1만 8천7백8십 리라고 하는데, 사다리로 오르기도 힘들고 날아서 오르는 것도 힘들다. 그런데 아침저녁으로 오르내린다니 얼마나 신묘한가. 사람들이 그 모습을 보고 모두들 역시 '하늘임금의 아들', '하늘의 사내'라며 천왕랑(天王郞)이라고 불렀다.

성 북쪽 청하(압록강)에 물의 신 하백의 아리따운 세 딸이 지내고 있었다. 하백은 딸들이 태어날 때마다 물가에서 자라는 나무와 꽃의 이름을 지어주었다. 첫째는 버드나무를 따라서 유화(柳花)로, 둘째는 원추리꽃을 보고 훤화(萱花)라고 불렀고, 셋째는 갈대를 뜻하는 위화(葦花)라고 이름 지었다. 비단 옷자락 날리며 가벼이 걷는 걸음걸음마다 '쟁그랑'거리며 은은히 울리는 허리춤의 옥구슬은 그들의 꽃같이 어여쁜 얼굴을 더욱 빛나게 하였다. 압록수에서 흘러 나온 웅심(熊心) 물가에서 노니는 세 딸은 신비한 구슬을 지녔다는 한고산(漢皐山)의 여신인 듯도 하고, 저 먼 곳에 있는 낙수(洛水)의 여신 같기도 하였다.

어느 날, 해모수왕이 사냥을 나왔다가 웅심 물가에서 놀고 있는 아름다운 세 여인을 보고 첫눈에 반하였다. 왕이 말을 타고 가까이 달려갔다. 하백의 세 딸은 낯선 이가 멀리서 말 달리며 오는 것을 보고 급히 물속으로 몸을 피하였다.

신하들이 따라와 무슨 일인가 물으니 왕이 말하기를,

"이곳에서 방금 여인들을 보았는데 그들처럼 곱고 아름다운 이라면 비(妃)로 맞이하여 훌륭한 후사를 얻을 수 있을 것 같소."

신하들이 그 말을 듣더니

"전하, 전하의 뜻이 그러하시다면 이곳에 궁전을 짓도록 하시지요. 그녀들이 다시 이곳에 와 궁전에 들어오면 그때 그들을 사라지지 않게 붙잡으실 수 있습니다."

하였다. 왕은 그 말을 좋게 여겼다.

왕이 말채찍을 땅에 내리치니 구리 궁전이 순식간에 세워졌다. 궁전 안에 반짝이는 비단을 깔고 금 술잔과 향기로운 술을 준비해 두었다. 과연 얼마 후 하백의 세 딸이 다시 놀러 나와서 전에 없던 궁전을 보고 안으로 들어와 잘 차려진 술을 주고받아 마시며 이야기꽃을 피우니 취기가 올랐다. 하백의 딸들이 집으로 돌아가려 하는데 이때 왕이 나타났다. 하백의 딸들이 몹시 놀라 달아나려 하는데 취한 몸을 가누지 못하고 비틀거리며 우왕좌왕하다가 맏이 유화는 그만 넘어지고 말았다. 유화는 왕에게 잡혔다.

딸 유화가 해모수에게 붙잡혔다는 것을 알게 된 하백이 크게 노하여 사신을 급파하였다. "감히 누군데 이처럼 방자한 짓을 벌이느냐" 묻자, 해모수는 "나는 천제의 아들이다. 지금 하백의 딸과 결혼하려고 한다." 고 대답하였다. 하백이 다시 사자를 보내
"네가 진정 천제의 아들이라면, 네가 진정 나의 딸과 혼인하고 싶다면 마땅히 중매의 예를 갖추어야 했다. 하늘의 아들이라면 그러한 예를 모를 리 없을 터, 너는 어찌 무턱대고 내 딸을 잡아두고 이제 와서 혼인을 하겠다고 하느냐?"
해모수는 하백의 말을 듣자 자신의 행동이 잘못되었음을 깨달았다. 해모수는 부끄러워하며 하백을 직접 만나려고 하였지만 하백의 궁궐에 어떻게 가야 하는지 몰랐다. 해모수는 유화를 집으로 돌려보내려 하였지만 유화는 이미 왕에게 정이 들어 혼자 돌아가려 하지 않았다.

유화는 왕에게 용수레가 있으면 하백의 궁에 갈 수 있다고 말해주었다. 해모수가 하늘에서 오룡거를 불러 유화와 함께 올라타니 순식간에 하백의 궁에 도착하였다. 하백이 예를 갖추어 자칭 천제의 아들 해모수를 맞이하면서도, 한편으로는 엄한 목소리로 젊은 왕의 경솔한 행동을 꾸짖었다.
"혼인이란 하늘과 땅 그 어느 세계에서나 다 같이 크고 엄숙한 일이라 중매와 폐백의 예법이 있거늘, 그대는 어찌 그리도 방자하게 굴어 나의 가문을 욕되게 하는가?"

그리고 해모수를 보며 말했다.

"그대의 말대로 그대가 진정 상제(上帝)의 아들이라면 신통한 능력을 갖고 있을 터, 어디 한번 시험해보세."

그러자 해모수는 "무엇이든지 시험해보소서" 하였다.

하백이 물속으로 뛰어들어 잉어로 변하니, 해모수는 수달로 변하여 잉어를 잡았다. 하백이 다시 꿩으로 변하니 해모수도 매로 변해 맹렬한 기세로 꿩을 낚아챘다. 하백은 다시 사슴으로 변신하니 왕은 승냥이가 되어 사슴을 쫓았다.

하늘임금의 아들임을 확인한 하백은 유화와 해모수의 혼인잔치를 크게 베풀었다. 한편 하백은 해모수가 혼인만 치루고 유화를 남겨둔 채 홀로 하늘나라로 오를 것을 염려하였다. 하백은 7일 후에나 깨는 술을 자꾸 권하여 해모수를 크게 취하도록 하였다. 결국 만취하여 쓰러진 해모수와 함께 유화를 커다란 가죽주머니에 넣고 입구를 단단히 묶어 풀리지 않도록 하였다. 하백은 딸 유화가 무사히 하늘에 오르기를 바라면서 가죽주머니를 오룡거에 실었다. 그러나 수레가 물 밖에 나오기도 전에 해모수가 술에서 깼다. 하늘의 아들에게는 하백의 7일만에야 깨는 술도 효과가 없었던 것이다. 해모수는 유화의 황금비녀를 빼내어 가죽주머니를 찢더니 혼자만 하늘로 올라갔다. 이후로 해모수의 소식은 그 어느 곳에서도 들을 수 없었다.

하백은 홀로 남겨진 딸에게

"네가 내 훈계를 따르지 않아 멋대로 행동하더니 마침내 우리 가문을 욕되게 하는구나."

꾸짖으며 좌우의 신하들을 시켜 유화의 입술을 잡아당겨 3척이나 길게 만들었다. 그러고는 남녀 하인 각 1명을 주어 태백산 남쪽에 있는 우발수로 쫓아냈다.

우발수에서 고기잡이를 하던 어부 강력부추가 어장에 있는 물고기가 자꾸 사라진다고 금와왕에게 알려왔다. 물속에 이상한 짐승이 있는 것을 보고 그물로 잡으려 했지만 그물을 뚫고 달아난다는 것이었다. 금와왕이 쇠그물을 만들게 하였다. 다시 쇠로 만든 그물을 던졌더니 돌 위에 앉아 있던 여자가 그물과 함께 올라왔다. 입술이 흉측하게 길게 늘어져 있어 말을 못하므로 입술을 세 번이나 잘라내니 그제야 말을 할 수 있게 되었다. 유화의 사정 이야기를 듣고 해모수의 왕비임을 알게 되어 그녀를 별궁에 머물도록 하였다.

별궁에서 생활하던 유화에게 이상한 일이 일어났다. 햇볕이 그녀를 쫓아다니며 비추더니 그 일로 임신을 하고, 한나라 신작 4년 계해년 여름 4월, 서기전 58년에 아이를 낳았다. 그런데 처음 태어난 것은 사람의 모습이 아니었다. 유화 부인은 왼쪽 옆구리에서 다섯 되들이, 수박만한 크기의 알을 낳았다. 금와왕은 사람이 새알을 낳았다며 불길하다면서 마구간에 버리라고 했는데 말들이 조심하며 그 알을 피해 다녔다. 다시 깊은 산에 버리게 했더니 온갖 짐승들이 와서 알을 보호하였다. 흐린 날에도 알 위에는 햇빛이 비쳤다. 왕은 알을 다시 유화에게 돌려주었고 마침내 알이 깨지면서 그 안

에서 사내아이가 나왔다. 아이는 기골이 벌써 뛰어났고 울음 소리
또한 매우 컸다.

　태어난 지 한 달이 되니 벌써 말을 하기 시작하였는데 말의 뜻
또한 정확히 구별할 줄 알았다. 아이가 어머니에게 파리 때문에 잠
을 잘 수 없으니 파리를 잡게 활과 화살을 만들어달라고 했다. 어
머니가 만들어준 활과 화살을 갖고 물레 위에 앉은 파리를 잡는데
백발백중이었다. 아이의 이름을 '주몽'이라 하였는데, 당시 부여 사
람들은 활 잘 쏘는 사람을 '주몽'이라고 불렀기 때문이다.

　자라면서 주몽의 재능이 점점 더 탁월해지자, 금와왕의 일곱 아
들이 심하게 질투하였다. 특히 첫째 아들 대소는 주몽이 보통 사람
과 다르다며 훗날 위협이 될 것을 염려하였다. 일곱 왕자들은 늘
주몽과 함께 사냥을 하였다. 왕자들은 시종의 도움을 받고도 사슴
한 마리를 잡았을 뿐인데, 활솜씨가 뛰어난 주몽은 혼자서 여러 마
리를 사냥하였다. 시기심에 불탄 왕자들이 주몽을 잡아 나무에 포
박하고는 사슴을 빼앗아 가버렸다. 나무에 묶여 있던 주몽은 나무
를 뿌리째 뽑아 짊어진 채 그곳을 떠났다.
　태자 대소는 더욱 불안하여 왕에게 청하였다.
　"아바마마, 주몽은 마치 신과 같이 용맹합니다. 앞으로 어떤 후
환이 생길지 두려우니 일찌감치 없애는 것이 좋겠습니다." 그 말을
들은 금와왕은 주몽에게 말을 관리하는 천한 일을 시키면서 지켜보
기로 하였다.

주몽은 왕의 명을 받고 말을 돌보며 깊은 시름에 잠겼다. 천손의 신분으로 부여 왕의 말이나 돌보는 신세가 된 것이 수치스럽고 실망스러웠다. '내 아버지는 하늘임금의 아들인데, 나는 이곳에서 부여 왕의 말이나 돌보고 있다니. 이렇게 사느니 차라리 죽는 것이 낫겠다. 남쪽으로 내려가 새로운 땅에서 내 힘으로 도읍을 세우고 나의 나라도 세울 수 있으련만! 나 없이 홀로 이 땅에 남겨질 어머니를 생각하면 차마 떠날 수가 없구나.' 주몽은 이러지도 저러지도 못하고 줄곧 괴로워하다가 어머니에게 갑갑한 마음을 토로하였다. 그러자 유화부인은 한동안 맑은 눈물을 흘리더니, 이윽고 조용히 말하였다.

"내 너를 보면 항상 마음이 편하지 않았다. 이 어미 걱정일랑 말고 이곳을 떠나 네 뜻을 펼치거라. 사나이가 먼 길을 떠나려면 반드시 좋은 말이 있어야 한다. 내가 말을 고를 줄 안다."

유화부인은 말을 마치고 주몽과 함께 마구간으로 향했다. 부인은 마구간에 도착하자마자 말채찍을 높이 들어 말들에게 휘둘렀다. 말들이 놀라 뛰는데, 그중에 붉은 말 한 마리가 지붕 높이만큼이나 뛰어올랐다. 이를 본 부인이 말하였다. "이 말이 준마로구나."

주몽은 그날부터 붉은 말의 혀에 남몰래 바늘을 찔러 넣었다. 말은 혀의 고통으로 머리도 제대로 들지 못하였고, 먹지도 마시지도 못했다. 얼마 안 가서 준마다운 모습은 전혀 보이지 않았다.

금와왕이 주몽을 살피러 가보니, 모든 말들이 살찌고 튼튼해 보여 크게 기뻐하였다. 그 가운데 유독 비루하고 볼품없는 말을 보고 그 말은 주몽에게 하사하였다. 주몽은 말을 얻자마자 바늘을 빼고 밤낮으로 여물도 넉넉히 주면서 보살폈다.

주몽은 남의 눈에 띄지 않게 세 명의 벗 오이, 마리, 협보와 함께 사귀었는데 그들은 모두 지혜로웠다. 드디어 그들과 함께 뜻을 펼치기 위해 남쪽으로 향했다. 압록강 동북쪽에 위치한 엄체수에 도착하여 강을 건너려 했으나 배가 없었다. 뒤에는 주몽을 제거하려는 왕자의 병사들이 추격하고 있었다. 일행이 잡힐까 걱정하였다. 이때 주몽이 채찍으로 하늘을 가리키며 개탄하였다.

"나, 천제의 손자요 하백의 외손이 지금 위험을 피하여 도망가는데 하늘과 땅은 정녕 저를 버리십니까? 황천후토시여 저를 위하여 속히 다리를 놓아주소서." 이어 활로 물을 내리치자 물고기와 자라들이 몰려와 다리를 만들어주었다. 주몽이 무사히 강을 건너자 다리가 곧 사라지고, 뒤쫓아 다리에 올랐던 대소의 병사들은 모두 물에 빠져 죽었다.

주몽이 떠나올 때 어머니께서 오곡종자를 싸주셨는데, 주몽이 생이별을 서러워하다가 미처 보리씨앗을 챙기지 못하였다. 주몽이 강을 무사히 건너 쉬고 있는데, 유화부인이 비둘기를 통해 보리를 보냈다. 비둘기 한 쌍이 날아오는 것을 본 주몽이 곧 어머님이 보낸 심부름꾼인 것을 알아차렸다. 주몽이 활을 쏘니 비둘기 두 마리가 떨어졌다. 목을 벌려 보리 씨앗을 꺼내고는 물을 뿜어주니 비둘기가 살아서 다시 날아갔다.

터가 좋은 곳에 왕도를 정하니 산천이 울창하고 수려하였다. 우선 풀로 방석을 엮어 왕과 신하의 자리를 각각 만들어 군신의 예를 갖추었다.

비류국의 왕 송양이 주몽의 늠름하고 비상한 용모를 보고 매우 반기며 함께 자리에 앉아 말을 건넸다.

"이곳은 바다 한 쪽에 치우쳐 있어 군자를 만나기가 힘든 곳이라오. 오늘 이렇게 훌륭한 군자를 만나니 참으로 기쁜 일이구료. 군자는 누구며 어디서 오셨소?"

이에 왕이 대답하였다.

"과인은 천제의 자손으로 서쪽 땅의 왕이로소이다. 저도 감히 묻습니다. 군왕은 누구의 후손이신지요?"

송양이 말하였다.

"나는 이땅에서 대대로 왕을 지낸 신선의 후손이라오. 지금 이곳 넓지 않은 땅에 두 명의 왕은 필요없다오. 젊은 군자가 나를 섬기는 것이 어떻겠소?"

그러자 주몽이 송양에게 말하였다.

"과인은 천제의 후손으로 하늘의 뜻을 받들어 왕이 되었는데 지금 그대는 신의 자손도 아니면서 하늘의 뜻을 거스르며 왕이라 하니, 만약 나를 따르지 않으면 반드시 하늘의 죽임을 당할 것이요"

송양은 그렇다면 서로 재주를 겨루어 결정하자고 하면서 활쏘기 시합을 제안했다. 송양이 먼저 사슴 그림을 백 걸음 안쪽에 세워두고 화살을 쏘았으나 사슴 그림 근처에도 미치지 못했다. 주몽은 사람을 시켜 옥가락지를 백 걸음 너머에 놓게 하고 화살을 쏘았는데, 정확히 옥가락지를 맞혀 기왓장이 깨지듯 산산조각이 나자 송양을 비롯해 모두가 크게 놀랐다.

"새로이 나라를 세웠으나 아직 북이나 나팔 등을 갖추어 왕의 의례(儀禮)를 제대로 행하지 못하였더니 비류의 송양이 나를 업신여기는구나."

신하 부분노가 앞에 나와 왕을 위로하며 말하였다.

"신(臣)이 왕을 위하여 비류의 북과 나팔을 가져오겠나이다."

왕이 그의 말을 기특하게 여기며 부드럽게 말하였다.

"다른 나라에서 감추어둔 보물을 네가 어떻게 가져올 수 있겠느냐?"

부분노가 대답하였다.

"북과 나팔은 하늘이 내어준 물건인데 어찌 가져오지 못한단 말입니까? 왕께서 부여에서 대소 태자의 핍박을 받으며 곤욕을 당할 때에 누가 왕이 여기에 이르리라 생각했겠습니까? 이제 왕께서는 만 번 죽음을 당할 위태로운 땅에서 벗어나 이곳의 임금으로 널리 이름을 떨치고 있습니다. 이 모든 것은 하늘이 명하신 일인 바, 무슨 일인들 이루지 못하겠습니까? 지금 비류에 있는 북과 나팔을 가져오는 것 또한 하늘의 뜻입니다."

이윽고 부분노는 다른 사람들과 함께 비류의 북과 나팔을 몰래 가져왔다. 이에 주몽은 비류 사람들이 자기 나라의 북과 나팔을 알아볼까 염려스러워 색을 어둡게 칠하여 오래된 것처럼 보이게 하였다. 북과 나팔이 없어진 것을 보고 비류국에서 찾아왔으나 색이 변한 것을 보자 송양은 보고도 자기 것이라고 말하지 못하였다.

송양은 또 도읍을 누가 먼저 세웠는가 견주어, 늦게 세운 사람이 먼저 세운 사람을 섬기자고 하였다. 주몽이 이를 듣고, 왕궁을 세우면서 일부러 썩은 나무로 기둥을 세우게 했다. 그랬더니 마치 천년이 지난 것처럼 보이게 되었다. 송양이 고구려에 왔다가 오래되어 썩기까지 한 주몽의 궁전 기둥을 보고 더 이상 도읍의 선후를 따지지 못하고 아무 말 없이 돌아갔다.

동명왕이 서쪽 지역으로 사냥을 갔다가 우연히 흰 사슴을 발견하였다. 흰 사슴은 하늘과 땅을 오가는 신령스러운 동물이다. 흰 사슴을 잡아 해원 땅 높은 곳에 거꾸로 매달아놓고 주문하였다.

"너는 하늘로 하여금 비류 땅에 비를 내리게 하라. 그리하여 비류의 도성과 읍이 모두 물바다가 되어 잠기게 하라. 그렇게 하지 않으면 내가 너를 놓아주지 않을 것이다. 네가 무사히 집으로 돌아가고 싶다면, 너는 나의 이 뜻을 하늘에 전하여 송양에게 무시당한 나의 분함을 풀도록 하여라."

사슴의 사무친 울음소리가 천제의 귀에 닿았다. 비류의 땅에 이레 동안 주룩주룩 세찬 장맛비가 끊이지 않고 내렸다. 하늘은 마치 저 한(漢)나라의 남북을 가르는 크고도 넓은 회수(淮水)와 사수(泗水)의 강물을 모두 송양의 비류에 퍼붓는 듯, 비류의 땅은 그야말로 물바다가 되었다.

송양은 두려움에 떨고 비류의 백성들은 여기저기에서 아우성이었다. 저마다 밧줄에 매달리고 갈대를 부여잡는 등 물속에 빠진 채 헤매고 있었다. 가여운 비류의 백성들이 진땀을 뻘뻘 흘리며 이를 악문 채 버티니 차마 보기 딱하여 주몽은 채찍을 높이 들어 물을 내리쳤다. 주몽의 채찍이 물에 닿자 순식간에 넘치던 물이 빠르게 줄어들기 시작했다.

그해 6월에 송양이 마침내 나라를 들어 항복하니 송양은 주몽왕을 모시는 신하가 되었다. 이후로 송양은 감히 다시는 주몽과 고구려를 얕보거나 헐뜯지 못하였다.

7월에는 골령에서 검은 구름이 일더니 주변 산들을 뒤덮었다. 산은 보이지 않는데 수천명이 일하는 소리만 들렸다. 왕이 말하길 "하늘이 나를 위하여 저 곳에 성을 쌓고 있는 것이다"라고 하였다. 7일째가 되자 과연 구름과 안개가 저절로 사라지더니 그곳에 저절로 지어진 성곽과 궁전이 있었다. 왕은 하늘에 제(祭)를 올리고 새로 지은 궁궐에 들어가 살았다.

그 해 가을 9월, 왕위에 오른 지 19년 만에 하늘에 오르시더니 내려오지 않았다. 왕의 나이 40세였다. 태자 유리가 왕이 남긴 옥채찍을 묻으며 용산에서 장례를 지냈다.

유리는 어린 시절부터 특별한 재주가 있었다. 그는 참새 잡는 것을 즐겼다. 어떤 부인이 물동이를 이고 가는 것을 보고 새총을 쏘아 구멍을 내니 물이 쏟아졌다. 부인이 노하여 애비 없는 놈이라 버릇이 없다고 심하게 꾸짖었다. 유리는 창피해서 진흙 탄을 다시 쏴서 물동이에 난 구멍을 막아 물이 새지 않게 하였다.

집에 돌아온 유리는 어머니에게 자신의 아버지에 대해 물었다.

어머니는 유리가 아직 어리다고 생각하여 놀려줄 생각으로 "너는 아버지가 없다"고 하자, 유리는 서글피 울며 "아버지가 누군지도 모르고 장차 어찌 얼굴을 들고 다른 사람들을 대할 수 있습니까?" 하고는 스스로 목숨을 끊으려 하였다. 어머니가 놀라 말리며 좀 전에 한 말은 장난삼아 한 말이라고 하면서 사실을 말해주었다.

"너의 아버지는 천제의 손자이고 하백의 외손자인데, 수모를 겪으며 살던 부여를 떠나 남쪽으로 가서 새 나라를 세우신 분이다. 네가 찾아가 뵙겠느냐?"

이에 유리는 아버지가 임금인데 자신이 남의 신하로 있는 것은 부끄러운 일이라며 아버지를 찾아가겠다고 하였다. 그러자 어머니는 아버지께서 떠나실 때 일곱고개와 일곱 골짜기 사이에 있는 돌 위에서 자라는 소나무에 증표를 감추었다고 하시면서 그것을 찾아 아버지께 가면 아들인 줄 아실 것이라고 말해주었다.

유리는 산과 계곡을 다니며 증표를 찾았으나 허사였다. 피곤에 지쳐 돌아온 유리가 마루에 걸터앉아 있는데 마루 기둥에서 구슬픈 소리가 들렸다. 소나무로 된 그 기둥은 주춧돌 위에 세워져 있었는데 그 주춧돌이 7각형 모양으로 일곱 모서리가 있었다. 그제야 일곱 고개 일곱 계곡은 이 모서리를 말하는 것임을 알아차렸다. 돌 위에서 자라는 소나무는 바로 소나무 기둥을 가리키는 것이었다. 기쁜 마음으로 살펴보니 기둥에 구멍이 나 있었고, 그 안에는 부러진 칼 조각이 있었다.

전한 시대 홍가 4년 여름 유리는 고구려로 가서 왕을 뵙고 부러진 칼 조각을 내보였다. 왕이 가지고 있던 칼의 다른 조각을 꺼내 와 합치니 피가 흐르면서 하나의 칼이 되었다. 왕은 유리가 진정 자기 아들이라면 신령스러운 능력을 지니고 있을 것이니, 이를 입증해보라고 하였다. 유리는 공중으로 떠오르더니 널빤지에 앉는 듯이 햇빛에 올라앉는 신기함을 보였다. 이를 보고 왕이 크게 기뻐하며 유리를 태자로 삼았다.

나는 본래 꾸밈이 없는 것을 좋아하고, 기이하고 괴상한 것을 싫어한다. 처음 동명왕에 대해 읽었을 때 지어낸 이야기나 귀신 이야기로 의심하였다. 그러나 천천히 살펴보니 의심할 것이 아니더라. 동명왕 이야기는 '있는 그대로' 사서에 실린 것으로 한 글자라도 허투루 쓸 수 있는 것이 아니다. 신성하고 또 신성한 이야기로 오래도록 전할 만한 것이다. 생각해보면 나라를 처음 세우는 임금이 성인이 아니면 어떻게 그런 큰일을 할 수 있겠는가.

옛날 유씨부인이 커다란 연못가에서 쉬다가 잠이 들었는데, 꿈속에서 천둥 번개가 요란하더니 괴이한 용신(龍神)이 내려와 부인을 휘감고 돌다가 사라졌다. 이로 인해 임신을 하니 그때 태어난 이가 바로 성인 유계로 유방이라는 이름으로 더 알려졌다. 유방이 젊은 날 군사를 이끌고 가던 중 한밤중에 연못가를 지나게 되었는데, 큰 뱀이 나타나 길을 막았다. 따르던 군사들이 겁을 먹고 도망갔는데 유방이 홀로 큰 뱀을 칼로 죽이고는 잠을 청했다. 유방이 자는 사이 한 노파가 나타나 구슬프게 울었는데, 주위에 있던 군사들이 나타나 우는 이유를 물었다. 노파가 울며 대답하길 "내 아들은 서쪽

신 백제(白帝)의 아들인데 뱀이 되어 길에 나왔다가 남쪽 신 적제(赤帝)의 아들에게 베어 죽었다오" 말하며 눈물을 흘렸다. 군사들이 미친 노파라며 노파를 다시 보자, 어느새 노파는 온 데 간 데 없이 사라졌다. 아침이 되자 간밤에 있었던 노파의 말이 여기저기서 회자되었는데, 유방이 그 소리를 듣고는 자신이 남방 신 적제의 아들임을 알았다. 한나라를 세운 유방의 흥성에는 이밖에도 많은 신기한 이야기가 전한다.

유방의 후손으로 후한을 세운 광무제 유수도 태어날 때 집안 가득 빛이 비쳤다고 한다. 한나라의 신하였던 왕망이 스스로 신(新)나라를 세우며 황제가 되었다. 이에 제후들이 저마다 패권을 다투며 싸웠다. 이때 남쪽 신 적제의 기운으로 유수가 임금이 될 것이라는 예언을 담은 적복부(赤伏符)가 저절로 나타나더니 과연 유수가 황건적을 물리치고 왕이 되어 한나라를 이었다고 한다.

예로부터 나라를 세우는 인물이 등장할 때는 좋은 징조가 많이 나타나지만 왕조의 마지막 후계자는 게으르고 어리석어 결국 나라는 망하고 조상 제사도 끊어지게 된다.

나라를 올바로 다스리는 임금은 아무리 괴롭고 힘든 일을 겪어도 스스로 삼가고 경계할 줄 알아야 하며, 너그럽고 어진 마음을 간직하고 백성들을 예의와 올바름으로 교화해야 한다는 것을 잊지 말아야 한다. 이렇게 자자손손 이어질 때에야 비로소 그 왕가는 천년만년 오래도록 유지될 수 있는 것이다.

◇ 「동명왕편」 원문 음과 번역

東明王篇 幷序

동명왕편 병서

「동명왕편」을 시작하면서 먼저 쓰는 말

世多說東明王神異之事 雖愚夫騃婦 亦頗能說其事 僕嘗聞之

셰다셜동명왕신이지사 수우복애부 역파능셜기사 복상문지

　세상에서 동명왕의 신기하고 이상한 일에 대하여 많은 이야기를
한다. 아무리 어리석은 자라 하더라도 동명왕의 이야기는 잘 알고
있어서 즐겨 말한다.

笑曰 先師仲尼 不語怪力亂神 此實荒唐奇詭之事 非吾曹所說

쇼왈 션사중니 불어괴력난신 차실황당기궤지사 비오조소셜

　나 또한 일찍이 들은 바 있으나 웃어넘기고 말았다. 학문의 스승
이신 공자께서는 괴이한 힘과 어지러운 잡귀신(괴력난신)에 대해서
는 말이 없으셨으니, 그렇게 황당하고 괴상한 이야기에 대하여서는
얘기할 것이 못 된다고 생각했기 때문이다.

及　讀　魏書　通典　亦載其事　然略而未詳　豈詳內略外之意耶
급독 『위서』 『통전』 역재기사 연략이미상 기상내략외지의야

『위서』와 『통전』을 읽었는데, 역시 그 일(동명왕의 신이한 이야기)이 실려 있었다. 그러나 간략하여 자세하지 않았다. (중국이) 자국의 일이라면 자세히 적었으련만 외국의 이야기라 가벼이 여겨 간략하게 적었을 것이다.

越癸丑四月　得舊三國史　見東明王本紀　其神異之迹　踰世之所說者
월계축 4월 득구삼국사 견동명왕본기 기신이지적 유세지소설자

지난 계축년 4월에 구삼국사를 얻어 동명왕 본기를 읽었는데, 그 신기하고 이상한 이야기가 세간에 떠도는 이야기보다도 더 심하였다.

然亦初不能信之　意以爲鬼幻
연역초불능신지 의이위귀환

그러나 역시 귀신이며, 가능하지 않은 헛된 환상 이야기인지라 믿을 수 없었다.

及三復耽味　漸涉其源　非幻也乃聖也
급삼복탐미 점섭기원 비환야내성야

그런데 세 번을 반복하여 거듭 생각하며 읽고 그 근본 뜻을 생각하니, 이것은 헛된 환상이 아니라 성스러운 것이었다.

非鬼也乃神也　況國史直筆之書　豈妄傳之哉
비귀야내신야 황국사직필지서 기망전지재

요상한 귀신이 아니라 신적인 이야기였다. 생각해보니, 국사란 있는 그대로를 기록하는 책인데 어찌 허망한 글을 남겼겠는가!

金公富軾重撰國史 頗略其事
김공부식중찬국사 파략기사

김부식 공이 우리나라 역사를 다시 편찬할 때 동명왕 이야기를 간략하게 편집하였다.

意者公以爲國史矯世之書 不可以大異之事爲示於後世而略之耶
의자공이위국사교세지서 불가이대이지사위시어후세이략지야

생각건대, 공은 국사란 세상을 바로잡는 책인데 가당찮고 이상한 일들을 그대로 적어 후세에 남길 수는 없다고 생각한 것 같다.

按唐玄宗本紀 楊貴妃傳 並無方士升天入 地之事
안당현종본기 양귀비전 병무방사승천입 지지사

당 현종 본기와 양귀비전에 도술을 부리는 방사들이 하늘을 날고 땅속으로 들어가는 그런 이야기는 없다.

唯詩人白樂天 恐其事淪沒 作歌以志之
유시인백낙천 공기사윤몰 작가이지지

오직 시인 백낙천만이 그러한 이야기가 점차 흐려지다가 없어질 것을 두려워하여 '장한가'라는 노래로 지어 그 일을 남겼다.

彼實荒淫奇誕之事　猶且詠之以示于後

픽실황음기란지사　육차영지이시우흑

사실 그 이야기는 황당하고, 음란하고, 괴이한 이야기인데 그래도 시로 지어 노래하니 뒷사람들이 계속 부르며 내용이 전해지고 있다

矧東明之事　非以變化神異眩惑衆目　乃實創國之神迹

신동명지사　비이변화신이현혹중목　내실창국지신쩍

하물며 동명왕의 일이야! 동명왕의 이야기는 그저 방사들의 변화무쌍한 신비한 이야기로 단지 사람들의 마음을 현혹시키려는 것이 아니다. 실제로 나라를 창업한 신성(神聖)한 행적(行蹟)의 자취를 남긴 것이다.

則此而不述　後將何觀

즉차이불슬　흑장하관

이제 이것을 서술해놓지 않으면 후대에 뒷사람들이 동명왕의 일을 어찌알겠는가!

是用作詩以記之　欲使夫天下知我國本聖人之都耳

시용작시이기지　옥사부천하지아국본성인지도이

이런 이유로 내가 이 일을 시로 지어 노래로 남기니 우리나라가 본래 성인이 세운 나라임을 세상에 알리고 싶어서이다.

李奎報

이규보

元氣判流渾 天皇地皇氏

원기판류혼 천황지황씨

혼돈이 사라지고 드디어 원기 드러나니 천황씨 지황씨 나셨네.

十三十一頭 體貌多奇異

십삼십일두 체모다기이

머리가 열셋, 열하나, 그 모습 매우 기이하다.

其餘聖帝王 亦備載經史

기여성제왕 역비재경사

그 밖의 다른 성스러운 제왕들 역시 경서와 사서에 실려 있다.

女節感大星 乃生大昊摯

여절감대성 내생대호치

여절은 큰 별의 빛을 받더니 지를 낳았네.

女樞生顓頊 亦感瑤光暉

여추생천욱 역감요광위

여추는 전욱을 낳았는데 역시 북두칠성의 빛을 받아 낳았다네.

伏羲制牲犧 燧人始鑽燧

복희제생희 수인시찬수

복희씨는 제사제도를 만드시고, 수인씨는 불을 만드셨네.

生莫高帝祥 雨粟神農瑞
성명고졔상 우속신능셔

달력 풀 명협은 요임금 뜰에서 자랐고, 신농씨는 농사법을 알렸네.

靑天女媧補 洪水大禹理
쳥쳔여와보 홍슈대우리

여와씨는 푸른 하늘을 기웠고, 우임금은 홍수를 다스렸네.

黃帝將升天 胡髥龍自至
황졔장승쳔 호염룡자지

황제께서 하늘에 오르려 하자, 수염 난 용이 와서 모시고 갔다네.

太古淳朴時 靈聖難備記
틱고슌박시 영셩난비기

태곳적 순박한 시절에는 신령스러운 일 너무 많아 다 기록하기도 힘들었는데

後世漸澆漓 風俗例汰侈
후셰졈요리 풍쇽예틱치

후세 사람들 점점 인정이 박해지고 풍속은 사치스러워지더니

聖人間或生 神迹少所示
셩인간혹 생 신젹쇼쇼시

성인이 간혹 나기는 하나 신비한 자취는 보기 드물어졌네.

漢神雀三年 孟夏斗立巳

한신작 3년 맹하두립사

한나라 신작 3년(서기전 59년) 초여름 별이 뜬 때,

漢神雀三年四月甲寅

한신작 3년 4월갑인

한나라 신작 3년 4월로 간지로는 갑인년이다.

海東解慕漱 眞是天之子

해동해모수 진시천지자

해동의 해모수 진정한 하늘의 아들이라.

本記云 夫余王解夫婁老無子 祭山川求嗣 所御馬至鯤淵 見大石流淚

본기운 부여왕해부루노무자 채산천구사 소어마지곤연 견대석류누

본기에 따르면, 부여 왕 해부루는 늙도록 아들이 없어 산천에 제사를 지내며 후사 얻기를 기원했다. 왕이 탄 말이 곤연에 이르렀는데 말이 큰 돌을 보며 눈물을 흘렸다.

王怪之 使人轉其石 有小兒金色蛙形

왕괴지 사인전기석 유소아금색와형

왕이 괴이하다고 느껴 사람을 시켜 그 돌을 치우게 했더니, 금색 개구리가 엎드려 있는 모습의 어린아이가 있었다.

王曰 此天錫我令胤乎 乃收養之 名曰金蛙 立爲太子

왕왈 차천사아령윤호 급구양지 명왈금와 입위태자

왕이 말하길 "이것은 하늘이 나에게 내려주신 후계자로다" 하고
데려가서 키우며, 이름을 금개구리, 즉 금와라 짓고 태자로 삼았다.

其相阿蘭弗曰 日者天降我曰 將使吾子孫 立國於此 汝其避之

기상아란불왈 일자천강아왈 장사오자손 입국어차 여기피지

그 나라 재상 아란불이 왕을 찾아와 "일전에 하늘에서 내려와
제게 말하기를 '장차 이곳에 나의 자손이 나라를 세우려 하니 너는
이곳을 피하라'고 하셨습니다."

東海之濱有地 號迦葉原 土宜五穀 可都也 阿蘭弗勸王移都 號東夫余

동해지빈유지 호가섭원 토의오곡 가도야 아란불권왕이도 호동부여

"'동해 쪽 물가에 가섭원이라는 땅이 있는데, 그곳은 토양이 좋
아 모든 곡식이 잘되니 도읍을 삼을 만하다'고 하였습니다" 라고 말
하며 왕에게 도읍 옮기기를 권하니, 왕이 재상 아란불의 의견을 따
랐다. 도읍을 옮긴 후의 국호를 동부여라고 한다.

於舊都 解慕漱爲天帝子來都

어구도 해모수위천제자래도

옛 도읍지에는 천제의 아들 해모수가 와서 도읍을 정하였다.

初從空中下 身乘五龍軌

초종공중하 신승오룡궤

처음 공중에서 내려오는데 다섯 마리 용이 이끄는 수레에 몸을 싣고

從者百餘人 騎鵠紛袗襹

종자백여인 기곡분삼시

시종 100여 명은 화려한 옷에 고니를 탔구나.

淸樂動鏘洋 彩雲浮旖旎

청락동장양 채운부의니

맑은 풍악 소리 우렁차며 낭랑한데, 구름도 색색이 나부끼며 흐르네.

漢神雀三年壬戌歲 天帝遣太子降遊扶余王古都 號解慕漱

한신작 3년 임술세 천제견태자강유부여왕고도 호해모수

한나라 신작 3년, 임술년에 천제가 태자 해모수를 보내어 부여의 옛 도읍지에서 놀게 하였다.

從天而下 乘五龍車 從者百餘人 皆騎白鵠 彩雲浮於上 音樂動雲中

종천이하 승오룡거 종자백여인 개기백고 채운부어상 음악동운중

다섯 마리 용이 끄는 오룡거를 타고 하늘에서 내려오는데 따르는 시종이 백여 인이었다. 시종들은 모두 흰 고니를 타고 하늘엔 채색 구름이 둥둥 떴으며 구름 사이에서는 음악이 울렸다.

止熊心山 *經十餘日始下 首戴烏羽之冠 腰帶龍光之劒*

지웅심산 경10여일시하 수대오우지관 요대용광지검

웅심산에 머물러 10여 일이 지난 후 내려오는데, 머리에는 오우
관을 쓰고 허리에는 용광검을 찼다.

自古受命君 何是非天賜

자고수명군 하시비천사

예로부터 임금은 하늘의 명이라 하늘에서 주심을 누가 모르랴만,

白日下靑冥 從昔所未視

백일하청명 종석소미시

푸른 하늘 밝은 대낮에 이렇게 보이는 것은 일찍이 못 보던 일이
구나.

朝居人世中 暮反天宮裏

조거인세중 모반천궁리

아침에는 인간 세상을 다스리고 저녁이면 하늘궁전에 돌아가시네.

朝則聽事 暮卽升天 世謂之天王郞

조즉청사 모즉승천 세위지천왕랑

아침이면 나랏일을 처리하시고 저녁이면 하늘에 오르시니 세상
사람들이 천왕랑이라고 불렀다.

吾聞於古人 蒼穹之去地
오문어고인 창궁지거지
내 옛사람에게 들으니 하늘과 땅 사이가

二億萬八千 七百八十里
이억만팔천 칠백팔십리
2억 1만 8천7백8십 리라.

梯棧躡難升 羽翮飛易瘁
제잔섭난승 우혁비이췌
사다리 밟고 오르기 힘들며, 날아서 오르기도 힘든 거리건만,

朝夕恣升降 此理復何爾
조석자승강 차리복하이
아침저녁으로 오르내리니 이 무슨 이치인가!

城北有靑河 河伯三女美
성북유청하 하백삼녀미
성 북쪽 맑은 강에는 하백의 어여쁜 세 딸이 산다네.

靑河今鴨綠江也 長曰柳花 次曰萱花 季曰葦花
청하금압록강야 장왈유화 차왈훤화 계왈위화
청하는 지금의 압록강이다. 맏이는 유화, 둘째는 훤화, 막내는 위화라 한다.

擘出鴨頭波 往遊熊心涘

벽출압두파 왕유웅심사

압록강 물결 헤치고 나와 웅심 물가 근처에서 노닌다네.

自靑河出遊熊心淵上

자청하출유웅심연상

청하에서 나와 웅심 연못가에서 놀았다.

鏘琅佩玉鳴 綽約顔花媚

장랑패옥명 작약안화미

허리춤 옥구슬은 잘랑잘랑, 가냘픈 몸매에 꽃 같은 얼굴이라.

神姿艶麗 雜佩鏘洋 與漢臯無異

신자염려 잡패장양 여한고무이

여신같이 고운 자태로 허리에 찬 구슬 장식은 한고산의 여신과 다르지 않았다.

初疑漢臯濱 復想洛水沚

초의한고빈 부상낙수지

한고산의 여신인가, 낙수의 여신 복비인가!

王因出獵見 目送頗留意

왕인출렵견 목송파유의

왕이 사냥 나왔다가 보고 눈을 못 떼고 마음에 담았네.

玆非悅紛華　誠急生繼嗣

자비열분화　성급생계사

화려하고 고운 모습이 좋아서가 아니요, 후사를 얻으려는 마음 급해서라네.

王謂左右日　得而爲妃　可有後胤

왕위좌우왈　득이위비　가유후윤

왕이 여인들을 보고 좌우의 신하들에게 말하기를, "만나서 왕비로 맞이하여 후사를 얻을 만하다" 하였다.

三女見君來　入水尋相避

삼녀견군래　입수심상피

세 자매는 왕이 오는 것을 보더니 물속으로 피하였네.

擬將作宮殿　潛候同來戲

의장작궁전　잠후동래희

앞으로 궁전을 세워 그들이 와서 놀거든 몰래 오자 하니

馬撾一畫地　銅室欻然峙

마과일획지　동실홀연치

말채찍 땅에 한 번 그으니 문득 구리 궁전 우뚝 섰네.

錦席鋪絢明　金罇置淳旨

금석포현명　금준치순지

비단 자리 빛나게 깔고 금 술잔에 향기로운 술 놓았네.

蹁躚果自入 對酒還徑醉
편선과자입 대작환경취
과연 사뿐사뿐 스스로 들어오더니 서로 주고받아 마시며 취하였네.

其女見王卽入水 左右曰 大王何不作宮殿 俟女入室 當戶遮之
기녀견왕즉입수 좌우왈 대왕하부작궁천 사녀입실 당호차지
여인들이 왕을 보자 즉시 물속으로 들어가 피하였다. 좌우의 신
하들이 왕께 말하였다.
"대왕께선 왜 궁전을 짓지 않으십니까? 여기에 궁전을 지어놓고
여인들이 들어오기를 기다린 다음 집 앞을 가로막으십시오."

王以爲然 馬鞭畫地 銅室俄成壯麗 於室中 設三席置樽酒
왕이위연 마편획지 동실아성장려 어실중 설삼석치준주
왕이 그 말이 그럴듯한 꾀라 여기어 말채찍을 땅에 그었다. 구리
궁전이 장려하게 세워지고 궁실 안에는 세 명을 위한 술좌석을 마
련하였다.

其女各坐其席 相勸飮酒大醉云云
기녀각좌기석 상권음주대취운운
여인들이 와서 각각 자리에 앉더니 서로 권하며 술을 마셔 크게
취하였다.

王時出橫遮 驚走僅顚躓

왕시출횡차 경주근전지

왕이 가로막으며 나타나니 놀라 넘어질 뻔하며 도망가네.

長女曰柳花 是爲王所止

장녀왈유화 시위왕소지

맏이 이름은 유화인데 그녀는 왕에게 잡히고 말았네.

王俟三女大醉急出遮女等驚走 長女柳花 爲王所止

왕사 3녀 대취급출차 녀등경주 장녀유화 위왕소지

왕이 세 여인이 취하길 기다렸다가 갑자기 나타나 여인들 앞을 가로막으니, 놀라 달아나는데 장녀 유화는 왕에게 잡히고 말았다.

河伯大怒嗔 遣使急且馳

하백대노진 견사급차사

하백이 크게 진노하여 사신을 급히 보내어

告示渠何人 乃敢放輕肆

고시거하인 내감방경사

고하길, 너는 누군데 감히 이다지도 방자하고 경박스러운가 하니

報云天帝子 高族請相累

보운천제자 고족청상루

천제의 아들이라 대답하며 귀하신 그대 집안과 맺어지길 청한다

하였네.

指天降龍馭 徑到海宮遂
지천강용어 경도해궁수
하늘을 가리켜 용수레를 내려오게 하더니 바닷속 궁궐에 이르렀네.

河伯大怒 遣使告曰 汝是何人 留我女乎
하백대노 견사고왈 여시하인 유아여호
하백이 크게 노하여 사자를 보내 "너는 누구인데 내 아이를 잡아두느냐?" 하였다.

王報云 我是天帝之子 今欲與河伯結婚
왕보운 아시천제지자 금욕여하백결혼
왕이 답하길 "나는 천제의 아들이요, 이제 하백의 딸과 결혼을 원한다" 하였다.

河伯又使告曰 汝若天帝之子 於我有求昏者 當使媒云云
하백우사고왈 여약천제지자 어아유구혼자 당사매운운
하백이 다시 사자를 보내 "네가 만약 천제의 아들이고 내 아이에게 결혼을 청할 것이면 중매를 시킬 일이거늘,

今輒留我女 何其失禮
금첩유아녀 하기실례
지금 이리 쉽게 내 아이를 잡아두니 이 무슨 실례란

말이냐?" 하였다.

王慙之 將往見河伯 不能入室 欲放其女 女旣與王定情 不肯離去
왕참지 장왕견하백 불능입실 욕방기녀 여기여왕정정 불긍이거

왕이 그 말이 옳은지라 부끄럽게 여기고 장차 하백을 찾아뵈어
야겠다고 생각하였다. 그러나 하백의 궁궐에 가는 방법을 몰랐다.
하백의 딸을 놓아주려 했더니, 하백의 딸은 이미 왕에게 정이 들어
서 이별하려 하지 않았다.

乃勸王曰 如有龍車 可到河伯之國
내권왕왈 여유용거 가도하백지국

유화가 왕에게 용수레가 있으면 하백의 나라에 갈 수 있다고 알
려주었다.

王指天而告 俄而五龍車從空而下 王與女乘車 風雲忽起 至其宮
왕지천이고 아이오룡거종공이하 왕여여승거 풍운홀기 지기궁

왕이 하늘을 가리키며 고하니 오룡거가 하늘에서 내려왔다. 왕이
유화와 함께 오룡거에 오르니 바람과 구름이 홀연히 일더니, 하백
의 궁에 도착하였다.

河伯乃謂王 婚姻是大事
하백내위왕 혼인시대사

하백이 왕을 맞이하며, 혼인은 천하의 중대한 일로

媒贄有通法　胡奈得自恣

매지육통법　호내득자자

중매와 청혼의 예법이 있건만 오랑캐처럼 무례하게 나의 딸을 잡아두어 우리 가문을 욕보이느냐며 꾸짖었다.

河伯備禮迎之　坐定　謂曰

하백비례영지　좌정　위왈

하백이 예를 갖추어 맞이하여 앉으며 말하였다.

婚姻之道　天下之通規　何爲失禮　辱我門宗云云

혼인지도　천하지통규　하위실례　욕아문중운운

"혼인은 천하 모두에 통하는 예법이 있거늘 어찌 이런 실례를 하여 우리 가문을 욕되게 하는가!" 하였다.

君是上帝胤　神變請可試

군시상제윤　신변청가시

군이 정말 하늘에 계신 상제의 후계자라면 신들처럼 변화가 가능한지 시험해보세.

漣漪碧波中　河伯化作鯉

연의벽파중　하백화작리

푸른 물결 일렁이는 중에 하백이 잉어로 변하니

王尋變爲獺 立捕不待跬

왕심변위달 입포부대규

왕은 수달로 변하여 몇 걸음 만에 잉어를 잡았네.

又復生兩翼 翩然化爲雉

우부생양익 편연화위치

하백이 다시 양 날개를 만들어 꿩으로 변화하니

王又化神鷹 搏擊何大鷙

왕우화신응 박격하대치

왕도 다시 신령스러운 매로 변하여 꿩을 맹렬하게 낚아채네.

彼爲鹿而走 我爲豺而趡

피위녹이주 아위시이축

저쪽에서 사슴 되어 달아나니 이쪽에서 승냥이 되어 쫓았네.

河伯知有神 置酒相燕喜

하백지유신 치주상연희

하백이 왕의 신통함 알고 잔치를 벌이니 서로 술을 권하며 기뻐하였네.

伺醉載革輿 幷置女於輢

사취재혁여 병치여어의

왕을 취하게 한 후 수레 옆의 가죽주머니에 딸과 함께 수레에 태우니

車傍日轓

차방왈의

수레의 옆(가죽주머니)이란 곧 수레의 타는 곳이다.

意令與其女 天上同騰轡

의령여기녀 천상동등비

하백의 뜻은 자기 딸이 왕과 함께 하늘에 오르게 하려는 것이네.

其車未出水 酒醒忽驚起

기거미출수 주성홀경기

그 수레가 물 밖으로 나오기도 전에 왕은 술이 깨어 일어나 놀라며

河伯之酒 七日乃醒

하백지주 칠일내성

하백의 술을 마시면 칠 일이 지나서야 깬다고 한다.

取女黃金釵 刺革從竅出

취녀황금채 자혁종규출

유화의 황금비녀 빼어 가죽주머니를 찔러 구멍을 내고는

叶韻

협운

글자 운을 맞춘 것이다.

獨乘赤霄上 寂寞不廻騎

독승젹소상 젹막블회기

홀로 높은 하늘로 올라가더니 돌아오지도 않고 소식도 없더라.

河伯曰 王是天帝之子 有何神異 王曰 唯在所試 於是

하백왈 왕시쳔졔지자 유하신이 왕왈 유재소시 어시

하백이 "왕이 정말 하늘의 아들이라면 어떤 신이함을 갖고 있는
가?" 하고 물으니 왕은 "그저 시험해보소서" 대답하더라.

河伯於庭前水 化爲鯉 隨浪而游 王化爲獺而捕之

하백어졍젼수 화위리 수랑이유 왕화위달이포지

하백이 뜰 앞의 연못에서 잉어로 변하여 물결 따라 살랑살랑 노
니는데, 왕은 수달로 변하여 잉어를 잡았다.

河伯又化爲鹿而走 王化爲豺逐之 河伯化爲雉 王化爲鷹擊之

하백우화위녹이주 왕화위시죽지 하백화위치 왕화위응격지

하백이 다시 사슴으로 변하여 달아나자 왕은 승냥이가 되어 쫓았
다. 하백이 꿩이 되어 날아가니 왕은 매가 되어 꿩을 공격하였다.

河伯以爲誠是天帝之子 以禮成婚

하백이위셩시쳔졔지자 이례셩혼

하백이 참으로 천제의 아들이라며 예를 갖추어 혼례를 치렀다.

恐王無將女之心 張樂置酒勸王大醉

공왕무장녀지심 장락치주권왕대취

하백은 그러나 왕이 딸과 혼인만 치르고 데려가지 않을까 걱정하여, 풍악을 울리고 술자리를 마련하여 술을 권하면서 왕을 크게 취하게 하였다.

與女入於小革輿中 載以龍車 欲令升天

여여입어소혁여중 재이용거 욕령승천

하백은 취한 왕과 딸을 작은 가죽주머니에 함께 넣고 용수레에 태웠다. 하백은 딸이 왕과 함께 하늘나라에 오를 수 있기를 바랐다.

其車未出水 王卽酒醒 取女黃金釵刺革輿 從孔獨出升天

기거미출수 왕즉주성 취녀황금채자혁여 종공독출승천

그 수레가 물에서 나오기도 전에 왕이 술에서 깼다. 유화의 황금 비녀를 빼더니 가죽주머니를 찢어 그 구멍으로 나와 결국 혼자 하늘에 올라갔다.

河伯責厥女 挽吻三尺弛

하백책궐여 만문삼척이

하백이 딸을 꾸짖으며 입술을 3척이나 잡아당기고는

乃貶優渤中 唯與婢僕二

내폄우발중 유여비복이

우발수로 내쫓으면서 하인 두 명을 같이 보냈다.

河伯大怒 其女曰 汝不從我訓 終欲我門
하백대노 기녀왈 여부종아훈 종욕아문
하백이 크게 노하여 그 딸에게 "네가 내 가르침을 따르지 않더
니 마침내 우리 가문을 욕되게 하는구나" 하고

令左右絞挽女口 其唇吻長三尺唯與奴婢二人 貶於優渤水中
령좌우교만여구 기순문장 3척 유여노비 2인 폄어우발수중
좌우의 신하들을 시켜 딸의 입술을 잡아당겨 3척이나 길게 늘어
뜨려 놓고 오직 남녀 종 두 명만을 주고서는 우발수로 쫓아냈다.

優渤澤名 今在太伯山南
우발택명 금재태백산남
우발수는 지금의 태백산 남쪽에 있다.

漁師觀波中 奇獸行駓騃
어사관파중 기수행비사
어부가 물속을 보다가 이상한 짐승이 다니는 것을 보고

乃告王金蛙 鐵網投溪溪
내고왕금와 철망투국국
금와왕에게 알렸다. 흐르는 강물에 쇠그물망을 던지니

引得坐石女 姿貌甚堪畏

인득좌석녀 자모심감외

바위에 앉아 있던 여자를 끌어 잡아당겼는데, 얼굴 모양이 심히
기괴하였다.

唇長不能言 三截乃啓齒

슌장블능언 삼칠내계치

입술이 길어 말을 못하니, 입술을 세 번이나 잘라낸 후에야 이가
보였다.

漁師強力扶鄒告曰 近有盜梁中魚而將去者 未知何獸也

어사강력부추고왈 근유도량중어이장거자 미지하수야

어부 강력부추가 왕에게 "요즘 어장의 물고기가 자꾸 사라지는
데, 어떤 짐승의 짓인지 알 수 없습니다" 하고 알렸다.

王乃使魚師以網引之 其網破裂 更造鐵網引之 始得一女 坐石而出

왕내사어사이망인지 기망좌열 갱조철망인지 시득일녀 좌석이츨

왕이 어부를 시켜 그물을 던져 잡아 올리게 했는데 그물을 찢고
도망갔다. 다시 쇠로 그물을 만들어 던졌더니 돌 위에 앉아 있던
여자가 끌려 나왔다.

其女唇長不能言 令三截其唇乃言

기녀슌장블능언 령삼칠기슌내언

그 여자는 입술이 길어 말을 못하므로 왕의 명령으로 입술을 세

번이나 잘라내고서야 말을 할 수 있었다.

王知慕漱妃 仍以別宮置
왕지모수비 잉이별궁치
왕은 해모수의 왕비임을 알고 별궁에 머물게 하였다.

懷日生朱蒙 是歲歲在癸
회일생주몽 시세세재계
햇빛을 품어 주몽을 낳았는데 이때가 계해년(서기전 58년)이었다.

骨表諒最奇 啼聲亦甚偉
골표량최기 체성역심위
생김새가 매우 뛰어나고 울음소리 또한 심히 컸다.

初生卵如升 觀者皆驚悸
초생란여승 관자개경제
처음에 됫박만 한 알을 낳으니 보는 사람들이 모두 놀랐다.

王以爲不祥 此豈人之類
왕이위불상 차기인지류
금와왕은 안 좋은 일로 여기고 이는 사람이 아니라며

置之馬牧中 群馬皆不履
치지마목중 군마개불리

마구간에 버리게 하였더니 말들이 모두 밟지 않았고

棄之深山中 百獸皆擁衛
기지심산중 백수개옹위
깊은 산중에 버렸더니 온갖 짐승이 품어주며 보호하였다.

王知天帝子妃 以別宮置之 其女懷中日曜 因以有娠
왕지천제자비 이별궁치지 기녀회중일요 인이유신
왕이 하늘의 아들 해모수의 왕비임을 알고 별궁에 머물게 하였
다. 그녀는 햇빛을 품더니 그 일로 인하여 임신을 하였다.

神雀四年癸亥歲夏四月 生朱蒙 啼聲甚偉 骨表英奇
신작 4년계해하 4월 생주몽 체청심위 골표영기
그때가 한나라 신작 4년 계해년 여름 4월인데(서기전 58년) 주몽
이 태어났다. 울음소리가 심히 크고 생김새가 영특하고 뛰어났다.

初生左腋生一卵 大如五升許 王怪之曰 人生鳥卵 可爲不祥
초생좌액생일란 대여오승허 왕괴지왈 인생조란 가위불상
처음 태어나기를 유화부인의 왼쪽 옆구리에서 알로 태어났는데,
그 크기가 다섯 되나 되는 양(대략 3L 정도 또는 3kg 정도의 크기)
과 맞먹었다. 왕은 괴상한 일로 여기며, 사람이 새 알을 낳으니 좋
은 일이 아니라고 하였다.

使人置之馬牧 群馬不踐 棄於深山 百獸皆護

사인치지마목 군마불천 기어심산 백수개호

사람을 시켜 마구간에 버리게 하였더니 말들이 밟지 않았다. 깊은 산에 버리게 하였더니 온갖 짐승이 와서 보호해주었다.

雲陰之日 卵上恒有日光 王取卵送母養之 卵終乃開得一男

운음지일 란상항유일광 왕취란송모양지 란종내개득일남

구름 낀 흐린 날에도 알 위에는 항상 햇빛이 비추었다. 왕이 다시 가져다가 어미에게 주어 기르게 하였다. 알이 마침내 깨지면서 사내아이가 나왔다.

生未經月 言語竝實

생미경월 언어병실

태어난 지 한 달이 되지 않았는데 말을 정확하게 하였다.

母姑舉而養 經月言語始

모고거이양 경월언어시

어미가 거두어 기르게 하였더니 한 달이 지나자 말을 시작하는데

自言蠅噆目 臥不能安睡

자언승참목 와불능안수

파리가 눈을 빨아 누워도 편히 잘 수 없다고 말하더라.

母爲作弓矢 其弓不虛掎

모위작궁시 기궁불허기

그 어미가 활과 화살을 만들어주니 쏘는 것마다 모두 맞혔네.

謂母曰 群蠅噆目 不能睡 母爲我作弓矢 其母以蓽作弓矢與之

위모왈 군승참목 불능수 모위아작궁시 기모이필작궁시여지

어머니에게 말하기를 "파리들이 눈에 붙어서 잠을 잘 수 없으니, 어머니께서 저를 위하여 활과 화살을 만들어주세요" 하였다. 어머니가 나뭇가지로 활과 화살을 만들어주었다.

自射紡車上蠅 發矢卽中 扶余謂善射曰朱蒙

자사방차상승 발시즉중 부여위선사왈주몽

물레 위에 앉은 파리를 쏘는데 쏘는 것마다 모두 적중하였다. 부여 사람들 말에 활 잘 쏘는 이를 주몽이라 한다.

年至漸長大 才能日漸備

연지점장대 재능일점비

나이가 점점 들수록 재능도 날마다 늘어났다네.

扶餘王太子 其心生妬忌

부여왕태자 기심생투기

부여 왕의 태자가 그 마음에 질투가 나니

乃言朱蒙者 此必非常士

내언주몽자 차필비상사

주몽은 분명 보통 사람이 아닌지라

若不早自圖 其患誠未已

약불조자도 기환성미이

만약 일찍이 도모하지 않으면 그 후환이 두렵다 말하더라.

年至長大 才能竝備 金蛙有子七人 常共朱蒙遊獵

연지장대 재능병비 금와유자 7인 상공주몽유렵

자라면서 재능도 함께 늘어났다. 금와왕에게는 일곱 명의 아들이 있는데 항상 주몽과 같이 사냥을 하였다.

王子及從者四十餘人 唯獲一鹿 朱蒙射鹿至多

왕자급종자 40여인 유획일록 주몽사록지다

왕자들과 시종 40여 인이 사슴 한 마리를 잡았을 뿐인데, 주몽은 활을 쏘아 사슴을 많이 잡았다.

王子妬之 乃執朱蒙縛樹 奪鹿而去 朱蒙拔樹而去

왕자투지 내집주몽박수 탈록이거 주몽발수이거

왕자가 질투하여 주몽을 잡아 나무에 포박하고는 사슴을 빼앗아 가버렸다. 주몽은 나무뿌리를 뽑은 채 짊어지고 그곳을 떠났다.

太子帶素言於王曰 朱蒙者 神勇之士 瞻視非常 若不早圖 必有後患
태자대스언어왕왈 주몽자 신용지사 담시비상 약불조도 필유후환

태자 대소가 왕에게 "주몽은 신처럼 용감하며, 겁도 없는 것이
보통 사람과 같지 않습니다. 만약 일찌감치 없애지 않으면 반드시
후환이 있을 것입니다" 하였다.

王令往牧馬 欲以試厥志
왕령왕목마 욕이시궐지

왕이 그 말을 듣고 주몽에게 말 치는 일을 시키니 주몽의 뜻을
알고자 함이네.

自思天之孫 廝牧良可恥
자사천지손 시목양가치

생각하니 자신은 천제의 손자인데 남의 말이나 치는 하인이 되었
으니 수치스러웠다.

捫心常竊導 吾生不如死
문심상절도 오생불여사

가슴을 부여잡고 한탄하길 사는 것이 죽는 것만 못하구나.

意將往南土 立國立城市
의장왕남토 입국입성시

내 장차 남쪽 땅으로 가서 나라도 세우고 도읍도 세우고 싶건만

爲緣慈母在 離別誠未易

위연자모재 이별성미이

자애로운 어머니 홀로 두고 떠나기도 어렵다며 슬퍼하는데

王使朱蒙牧馬 欲試其意 朱蒙內自懷恨 謂母曰

왕사주몽목마 욕시기의 주몽내자회한 위모왈

왕이 주몽에게 마구간지기를 시키니 주몽의 뜻을 시험하려는 것이다. 주몽이 마음속으로 스스로 한탄하며 어머니에게 말하길

我是天帝之孫 爲人牧馬 生不如死

아시천제지손 위인목마 생불여사

"제가 하늘임금의 손자인데 남을 위하여 말이나 돌보고 있으니 사는 것이 죽는 것만 못합니다."

欲往南土造國家 母在不敢自專 其母云云

욕왕남토조국가 모재불감자전 기모운운

"마음 같아서는 남쪽 땅으로 가서 나라를 세우고 싶지만 어머니만 이곳에 두고 감히 저 혼자 떠나기도 어렵습니다" 하였다.

其母聞此言 潸然拭淸淚

기모문차언 산연식청루

어머니가 그 말을 듣고 흐르는 맑은 눈물 닦으며

汝幸勿爲念 我亦常痛痞

여 행 물 위 념 아 역 상 통 비

너는 내 걱정일랑 말거라. 나 역시 늘 너의 일이 매우 슬프다.

士之涉長途 必須憑駃騠

사 지 섭 장 도 필 수 빙 늑 이

사나이가 멀리 가려면 반드시 좋은 말이 있어야 한단다.

相將往馬閑 卽以長鞭捶

상 장 왕 마 힌 즉 이 장 편 츄

함께 마구간으로 가서 긴 채찍 휘둘렀네.

群馬皆突走 一馬騂色斐

군 마 개 돌 주 일 마 셩 색 비

말들이 모두 놀라 뛰는데 그중 붉은 말 한 마리

跳過二丈欄 始覺是駿驥

도 과 이 장 난 시 각 시 준 기

두 길(약 3미터 정도) 난간을 뛰어넘으니 이 말이 준마임을 알았다.

　通典 云 *朱蒙所乘 皆果下也*

『*통전*』은 *주몽ᄋᆞ승 개과하마*

『*통전*』에 따르면 주몽이 탄 말은 과하마라고 한다.

潛以針刺舌 酸痛不受飼

잠이침자설 산통불수사

몰래 말의 혀 밑에 바늘 꽂으니 쓰리고 아파서 물도 꼴도 못 먹네.

不日形甚癯 却與駑駘似

불일형심구 각여노태사

며칠 못 가 몹시 여위고 누가 봐도 형편없는 말이 되었구나.

爾後王巡觀 予馬此卽是

이후왕순관 여마차즉시

왕이 주몽이 일하는 거 보러 나왔다가 비루한 말을 선물로 주었네.

得之始抽針 日夜屢加餧

득지시추침 일야누가위

말을 얻자 곧 바늘을 빼고 밤낮으로 잘 먹였다네.

其母曰 此吾之所以日夜腐心也

기모왈 차오지소이 일야부심야

어머니가 "너의 일은 내가 밤낮으로 걱정하며 마음 졸인 일이다."

吾聞士之涉長途者 須憑駿足 吾能擇馬矣

오문사지섭장도자 수빙준족 오능택마의

"내가 알기로는 장부가 먼 길을 가려면 반드시 준마가 있어야
한다. 내가 말을 고를 줄 안다." 하더니

遂往馬牧 卽以長鞭亂捶 群馬皆驚走 一騂馬跳過二丈之欄

수왕마목 즉이장편난축 군마개경주 일성마도과이장지난

마구간으로 갔다. 즉시 긴 채찍을 휘두르니 말들이 모두 놀라 뛰
었는데, 그중에 붉은색 말 한 마리가 두 길(약 3m) 난간을 뛰어넘
었다.

朱蒙知馬駿逸 潛以針捶馬舌根 其馬舌痛 不食水草 甚瘦悴

주몽지마준일 잠이침축마설근 기마설통 불식수초 심수췌

주몽이 그 말이 준마인 줄을 알았다. 남몰래 말의 혀에 바늘을
꽂아놓으니 말은 혀가 아파서 물도 풀도 먹지를 못하였다. 말은 심
하게 여위었다.

王巡行馬牧 見群馬悉肥大喜 仍以瘦錫朱蒙 朱蒙得之 拔其針加餧云

왕순행마목 견군마실비대희 잉이수사주몽 주몽득지 발기침가위운

왕이 마구간에 와보니 모든 말들이 다 살쪄서 크게 기뻐하였다.
심히 여윈 말은 주몽에게 주었다. 주몽은 말을 얻자마자 바늘을 빼
고 먹이를 많이 주었다.

暗結三賢友 其人共多智

암결삼현우 기인공다지

남몰래 어진 세 벗을 사귀어 뜻을 함께했는데 모두 지혜가 많은
이들이었다.

烏伊 摩離 陜父等三人

오이, 마리, 협보 등 3 인

오이, 마리, 협보 등 세 사람이다.

南行至淹滯 欲渡無舟艤

남행지엄체 욕도무주의

남쪽으로 엄체수에 도착하여 강을 건너려 하는데 배가 없구나.

一名蓋斯水 在今鴨綠東北

일명개사수 재금압록동북

엄체수는 일명 개사수라고도 한다. 지금(1193년, 이규보가 시를 쓰던 때) 압록강 동북쪽이다.

欲渡無舟 恐追兵奄及 迺以策指天 慨然嘆曰

욕도무주 공추병엄급 내이책지천 개연탄왈

강을 건너야 하는데 배는 없고 추격병은 엄체수에 다가오니 잡힐까 걱정스러워졌다. 이에 주몽이 채찍으로 하늘을 가리키며 슬픔에 북받쳐 한탄하며 말하였다.

我天帝之孫 河伯之甥 今避難至此 皇天后土 憐我孤子 速致舟橋

아천제지손 하백지생 금피난지차 황천후토 연아고자 속치주교

"나, 천제의 손자이며 하백의 외손이 지금 난을 피하여 도망하는데 하늘과 땅의 신이시여, 이 외롭고 가련한 자손을 위하여 어서 배다리(다리를 말한다. 옛날 다리는 나무다리나 돌다리, 배다리였다)를 놓아주소서."

言訖 以弓打水 魚鼈浮出成橋 朱蒙乃得渡 良久追兵至

언흘 이궁타수 어별부출성교 주몽내득도 양구추병지

말을 마치고 활로 물을 쳤다. 그러자 물고기와 자라 떼가 떠올라 다리를 만들어주었다. 주몽이 곧 강을 건넜다. 추격하는 병사들이 한참 지나 따라왔다.

秉策指彼蒼 慨然發長喟

병책지피창 개연발장위

채찍 들어 하늘을 가리키고 길게 탄식하며

天孫河伯甥 避難至於此

천손하백생 피난지어차

천제의 손자요, 하백의 외손, 난을 피하여 여기 이르렀거늘

哀哀孤子心 天地其忍棄

애애고자심 천지기인기

가엾고 불쌍한 자손을 하늘과 땅은 진정 버리십니까!

操弓打河水 魚鼈駢首尾

조궁타하수 어별변수미

활을 잡아 강물을 내려치니 물고기와 자라 떼가 꼬리와 머리를 나란히 하여

屹然成橋梯 始乃得渡矣

흘연성교제 시내득도의

우뚝 솟은 다리 만들어주니 즉시 다리를 건넜네.

俄爾追兵至 上橋橋旋圮

아이추병지 상교교선비

쫓아오던 병사들이 도착하여 다리에 오르니 다리는 곧 무너지더라.

追兵至河 魚鼈橋卽滅 已上橋者 皆沒死

추병지하 어별교즉멸 이상교자 개몰사

추격하는 병사들이 강에 이르자 물고기와 자라 떼가 즉시 사라졌다. 이미 물고기 다리 위에 오른 자들은 모두 물에 빠져 죽었다.

雙鳩含麥飛 來作神母使 朱蒙臨別 不忍睽違

쌍구함맥비 내작신모사 주몽임별 불인규위

비둘기 한 쌍이 보리를 물고 날아왔다. 신모(神母)이신 유화부인이 심부름꾼으로 보낸 것이다. 주몽이 이별할 때 서로 멀리 떨어지는 것을 참지 못하고 슬퍼하였다.

其母曰 汝勿以一母爲念 乃裹五穀種以送之

기모왈 여물이일모위념 내과오곡종이송지

어머니께서 말씀하시길 "너는 나에 대한 걱정일랑 말아라" 하시며 오곡 종자를 싸주셨다.

朱蒙自切生別之心 忘其麥子

주몽자절생별지심 망기맥자

주몽이 생이별을 서러워하다가 보리씨앗을 잊고 말았다.

朱蒙息大樹之下 有雙鳩來集 朱蒙曰

주몽식대수지하 유쌍구래집 주몽왈

주몽이 커다란 나무 밑에서 쉬고 있는데 한 쌍의 비둘기가 날아
왔다. 주몽이

應是神母使送麥子 乃引弓射之 一矢俱擧 開喉得麥子

응시신모사송맥자 내인궁사지 일시구거 개후득맥자

"이것은 어머니께서 보리를 보내주신 것이구나" 하고 활을 쏘니
하나의 화살에 두 마리를 모두 얻었다. 목을 벌려 보리 씨앗을 꺼
내고

以水噴鳩 更蘇而飛去云云

이수분구 갱소이비거운운

비둘기에게 물을 뿜어주니 다시 살아나 날아가 버렸다.

雙鳩含麥飛 來作神母使

쌍구함맥비 내작신모사

비둘기 한 쌍이 보리를 물고 날아오니 이는 어머니께서 보내신
사자로구나.

形勝開王都 山川鬱嵯峨

형승개왕도 산천울최치

지형 좋은 곳에 왕도를 정하니 산천 울창하고 우뚝우뚝하구나.

自坐茀蕝上 略定君臣位

자좌불체상 약정군신위

풀로 방석 엮어 자리 만들고 대강 군신의 예를 정했네.

王自坐茀蕝之上 略定君臣之位

왕자좌불체지상 약정군신지위

풀방석을 만들어 왕이 앉고 대강 임금과 신하의 자리를 정하였다.

咄哉沸流王 何奈不自揆

돌재비류왕 하내부자규

오호라 비류의 왕이여, 자신을 헤아리지 못하는구나.

苦矜仙人後 未識帝孫貴

고긍선인후 미식제손귀

자기가 신선의 자손인 것만 자랑하고, 천제의 자손이 귀한 줄은
모르네.

徒欲爲附庸 出語不愼葸

도욕위부용 출어불신사

부속국가를 삼으려는 욕심만 있고 말조심할 줄을 모르는구나.

未中畫鹿臍 驚我倒玉指
미중화록제 경아도옥지

그림 속 사슴의 배꼽도 못 맞히고 옥가락지 깨뜨리는 솜씨에 놀
라는구나.

沸流王松讓出獵 見王容貌非常 引而與坐曰 僻在海隅 未曾得見君子
비류왕송양출렵 견왕용모비상 인이여좌왈 벽재해우 미증득견군자

비류국의 송양이 사냥을 나왔다가, 왕의 용모가 보통 사람이 아
닌 것을 보고 끌어와 같이 앉으며 하는 말이, "이곳은 외진 바닷가
라 일찍이 군자를 얻어 뵙기가 어려운 곳이라오

今日邂逅 何其幸乎 君是何人 從何而至
금일해후 하기행호 군시하인 종하이지

오늘 이렇게 군자를 만나니 매우 다행한 일이오 군자는 어떤 사
람이며 어디서 오셨소" 묻는다.

王曰 寡人 天帝之孫 西國之王也 敢問君王繼誰之後
왕왈 과인 천제지손 서국지왕야 감문군왕계수지후

왕이 말하길 "과인은 천제의 손자요, 서쪽 땅의 왕이로소이다.
감히 묻노니 군왕은 누구의 후손이시오?" 하였다.

讓曰 予是仙人之後 累世爲王 今地方至小 不可分爲兩王
양왈 여시선인지후 누세위왕 금지방지소 불가분위양왕

송양이 "나는 신선의 후손이며 대대로 이곳에서 왕을 하였소 지

금 이곳은 땅이 크지 않으니 두 임금이 필요하지 않다오

君造國日淺 爲我附庸可乎
군조국일천 위아부용가호
군자의 나라는 세운 지 얼마 안 되었으니, 나와 나의 나라를 섬기는 것이 어떻겠소?" 하였다.

王曰 寡人 繼天之後 今主非神之胄 强號爲王 若不歸我 天必殛之
왕왈 과인 계천지후 금주비신지주 강호위왕 약불귀아 천필극지
왕이 "과인은 천제의 후손으로 하늘의 뜻을 받들어 왕이 되었는데 지금 그대는 신의 자손도 아니면서 하늘의 뜻을 거스르며 왕이라 하니, 만약 나를 따르지 않으면 반드시 하늘의 죽임을 당할 것이오" 하였다.

松讓以王累稱天孫 內自懷疑 欲試其才 乃曰願與王射矣
송양이왕누칭천손 내자회의 욕시기재 내왈원여왕사의
송양은 왕이 계속 천제의 손자라고 하자 의심을 품고 그렇다면 재주를 시험하자고 하면서 왕에게 활쏘기 시합을 하자고 하였다.

以畫鹿置百步內射之 其矢不入鹿臍 猶如倒手
이화녹치백보내사지 기시불입녹제 유여도수
사슴 그림을 백 걸음 안에 놓고 화살을 쏘았는데 화살이 사슴의 배꼽에도 미치지 못하여 재주를 자랑하려다가 실패하였다.

王使人以玉指環 懸於百步之外射之 破如瓦解 松讓大驚云云
왕사인이옥지환 현어백보지외사지 파여와해 송양대경운운

왕은 사람을 시켜 옥가락지를 백 걸음 밖에 두게 하고 화살을 쏘
았는데, 기왓장이 깨지듯 반지가 깨지니 송양이 그 솜씨에 크게 놀
랐다.

來觀鼓角變 不敢稱我器
내관고각변 불감칭아기

북과 나팔이 변한 것을 보고는 감히 내 것이라고 말도 못 하는
구나.

王曰 以國業新造 未有鼓角威儀
왕왈 이국업신조 미유고각위의

왕이 신하들에게 말하길,

"나라가 세워진 지 오래지 않아 북과 나팔 등을 미처 갖추지 못
하였다."

沸流使者往來 我不能以王禮迎送 所以輕我也
비류사자왕래 아불능이왕례영송 소이경아지

"비류의 사자가 오갈 때 의례를 제대로 갖추지 못하여 위엄을
보이지 못하였더니 비류국이 나를 업신여기는구나" 하였다.

從臣扶芬奴進曰 臣爲大王取沸流鼓角
종신부분노진왈 신위대왕취비류고각

신하 부분노가 왕 앞에 나서며 말하였다. "신이 대왕을 위하여 비류의 북과 나팔을 가져오겠습니다."

王曰 他國藏物 汝何取乎
왕왈 타국장물 여하취호
왕이 "다른 나라가 깊이 감추어둔 물건을 그대가 어찌 가져올 수 있겠소" 하였다.

對曰 此天之與物 何爲不取乎 夫大王困於扶余 誰謂大王能至於此
대왈 차천지여물 하위불취호 부대왕곤어부여 수위대왕능지어차
이에 대답하길 "하늘이 내어준 물건인데 어찌 가져오지 못하겠습니까? 대왕이 부여에서 괴로움을 당할 때에 누가 대왕이 여기에서 왕이 되리라 생각했겠습니까?

今大王奮身於萬死之危 揚名於遼左 此天帝命而爲之 何事不成
금대왕분신어만사지위 양명어요좌 차천제명이위지 하사불성
지금 대왕이 만 번 죽을 위험을 물리치고 여기에서 위엄을 드날리면서 왕좌에 계시는 것은 하늘의 명인데, 이제 이루지 못할 것이 무엇이 있겠습니까?" 하였다.

於是扶芬奴等三人 往沸流取鼓而來
어시부분노등 3인 왕비류취고이래
그리고 부분노 등 세 사람이 비류에 가서 비류의 북과 나팔을 가지고 왔다.

沸流王遣使告曰云云 王恐來觀鼓角

비류왕견사고왈운운 왕공내관고각

비류의 왕이 사람을 보내어 비류의 북과 나팔이 없어진 사정을
말하니 왕은 그들이 와서 북과 나팔을 볼까 봐 걱정하였다.

色暗如故 松讓不敢爭而去

색암여고 송양불감쟁이거

왕이 북과 나팔을 오래된 것처럼 어둡게 칠해놓으니, 송양은 보
고도 감히 자기 것이라 다투지 못하고 돌아갔다.

來觀屋柱故 咋舌還自愧

내관옥주고 색설환자괴

궁궐 기둥이 오래된 것임을 보자 혀 깨물며 오히려 부끄러워하는
구나.

松讓欲以立都 先後爲附庸 王造宮室 以朽木爲柱 故如千歲

송양욕이입도 선후위부용 왕조궁실 이후목위주 고여천세

송양이 도읍을 먼저 세운 것으로 누구를 섬길지 정하자 하니, 왕
은 궁궐 지을 때 썩은 나무로 기둥을 세워 마치 천여 년이 지난 궁
전처럼 보이게 하였다.

松讓來見 竟不敢爭立都先後

송양래견 경불감쟁입도선후

송양이 와서 보더니 마침내 감히 도읍의 선후를 다투지 못하게

되었다.

東明西狩時　偶獲雪色麂

동명서수시　우획설색궤

동명왕이 서쪽으로 사냥 나왔다가 우연히 눈처럼 흰 사슴을 얻었네.

大鹿曰麂

대녹왈궤

큰 사슴은 곧 큰 노루이다.

倒懸蟹原上　敢自呪而謂

도현해원상　감자주이위

해원 땅 높은 곳에 거꾸로 매달고 결연하게 주문하니

天不雨沸流　漂沒其都鄙

천불우비류　표몰기도비

하늘이 비류에 비를 퍼부어 그 도성과 마을을 잠기게 하지 않으면

我固不汝放　汝可助我憤

아고불여방　여가조아치

내 너를 놓아주지 않을 것이다. 너는 나의 화를 풀지어다.

鹿鳴聲甚哀 上徹天之耳

녹명성심애 상철천지이

사슴의 울음소리 심히 애달프더니 위로 천제의 귀를 울렸다.

霖雨注七日 霈若傾淮泗

임우주칠일 패약경회사

장맛비 7일을 내리니 회수와 사수의 물이 다 쏟아지는 듯

松讓甚憂懼 沿流謾橫葦

송양심우구 연류만횡위

송양은 두려움에 떨며 흐르는 물에 밧줄을 던지고

士民競來攀 流汗相膀眙

사민경래반 유한상악치

백성들 다투어 매달려서 진땀 흘리며 아우성이네.

東明卽以鞭 畫水水停沸

동명즉이편 획수수정비

동명왕이 이내 채찍 들어 물을 그으니 넘치는 물이 그만 그쳤네.

松讓擧國降 是後莫予訾

송양거국항 시후막여자

송양이 나라를 들어 항복하고 이후로 비방하지 못하더라.

西狩獲白鹿 倒懸於蟹原 呪曰

서수획백록 도현어해원 주왈

서쪽 땅에서 사냥을 하다가 하얀 사슴을 얻자 해원 땅에서 거꾸로 매달아놓고 주문하기를

天若不雨而漂沒 沸流王都者 我固不汝放矣 欲免斯難 汝能訴天

천약불우이표몰 비류왕도자 아고불여방의 욕면기난 여능소천

"만약 하늘이 비를 내려 비류를 잠기게 하지 않는다면 내 너를 놓아주지 않을 것이다. 네가 이 고통을 피하려거든 나의 뜻을 하늘에 전하여라" 하였다.

其鹿哀鳴 聲徹于天 霖雨七日 漂沒松讓都

기녹애명 성철우천 임우7일 표몰송양도

사슴이 애끓게 울어대니 그 소리가 하늘에 통하였다. 장맛비가 7일 동안 내내 내려 송양의 도읍이 물에 잠기었다.

王以葦索橫流 乘鴨馬 百姓皆執其索 朱蒙以鞭畫水 水卽減

왕이위삭횡류 승압마 백성개집기삭 주몽이편획수 수즉감

왕은 갈대밧줄을 흐르는 물에 가로질러 놓고 오리배에 올라탔다. 백성들이 모두 와 그 밧줄을 잡았다. 주몽이 채찍으로 물을 그으니 물이 즉시 줄어들었다.

六月 松讓擧國來降云云

6월 송양거국내항운운

6월에 송양이 나라를 들어 항복하였다.

玄雲冪鶻嶺 不見山邐迤
현운멱골령 블견산이이
검은 구름이 골령을 뒤덮어 산들이 모두 보이지 않는데

有人數千許 斲木聲髣髴
유인수쳔허 착목성방블
수천 명의 이영차, 이영차 소리는 마치 나무 베는 것 같구나.

王曰天爲我 築城於其趾
왕왈쳔위아 축성어기지
왕이 말하길 하늘이 나를 위하여 저곳에 성을 쌓는 것이라 하네.

忽然雲霧散 宮闕高嵼嵬
홀연운무산 궁궐고록외
갑자기 구름과 안개 흩어지고 높은 궁궐 우뚝 솟아 있네.

七月 玄雲起鶻嶺 人不見其山 唯聞數千人聲以起土功
7월 현운기골령 인블견기산 유문수쳔인성이기토공
7월에 검은 구름이 골령에 일더니 사람들의 눈에 골령의 산들은 보이지 않고 다만 수천 명이 토목공사 하는 소리만 들렸다.

王曰 天爲我築城

왕왈 천위아축성

왕이 말하였다. "하늘이 나를 위하여 성을 쌓는 것이다."

七日 雲霧自散 城郭宮臺自然成 王拜皇天就居

7 일 운무자산 성곽궁대자연성 왕배황천취거

7일째 되는 날 구름과 안개가 저절로 걷히더니 성곽과 궁전이
저절로 완성되었다. 왕이 하늘에 절하고 새로 지어진 궁궐에 들어
가 살았다.

在位十九年 升天不下莅

재위 19년 승천불하리

왕위에 오른 지 19년 만에 하늘에 오르시더니 내려오지 않았네.

秋九月 王升天不下 時年四十 太子以所遺玉鞭 葬於龍山云云

즉 9 월 왕승천불하 시년 40 태자이소유옥편 장어용산운운

가을 9월에 왕이 하늘에 오르시더니 내려오지 않으셨다. 왕의 연
세 40세였다. 태자 유리가 왕이 남긴 옥채찍을 묻으며 용산에 장례
를 지냈다.

俶儻有奇節 元子曰類利

척당유기절 원자왈유리

뛰어난 재주와 기질 타고난 맏아들 유리

得劍繼父位 塞盆止人詈

득검계부위 새분지인리

칼을 찾아 부왕의 뒤를 잇고 물동이 구멍 막아 꾸지람 막았네.

類利少有奇節云云 少以彈雀爲業

유리소유기절운운 소이탄작위업

유리는 어린 시절부터 뛰어난 기질이 있었다. 어린시절 참새 쏘는 것을 일 삼아 놀았는데

見一婦戴水盆 彈破之 其女怒而詈曰

견일부대수분 탄파지 기녀노이리왈

한 부인이 물동이 이고 가는 것을 보고 물동이를 쏘아 구멍을 내니 물줄기가 쏟아졌다. 부인이 노하여 꾸짖기를

無父之兒 彈破我盆 類利大慙 以泥丸彈之 塞盆孔如故

무부지아 탄파아분 유리대참 이니환탄지 새분공여고

"이놈은 애비 없는 놈이라 버릇없이 물동이를 깨며 노는구나" 하였다. 유리가 매우 창피하여 진흙 탄을 다시 쏘아 물동이의 구멍을 얼른 막아 물이 새지 않게 하였다.

歸家問母曰 我父是誰 母以類利年少戱之曰 汝無定父

귀가문모왈 아부시수 모이유리연소희지왈 여무정부

집으로 돌아와 어머니에게 "제 아버지는 누구입니까?" 물었다. 어머니는 유리가 어리다고 생각하여 놀려주려고 너는 일정한 아버

지가 없다고 하였다.

　類利泣曰 人無定父 將何面目見人乎 遂欲自刎
　유리읍왈 인무정부 장하면목견인호 수욕자문
　유리가 그 말을 듣고 울면서 말하길 "사람이 일정한 아버지가
없다니, 장차 어찌 얼굴을 들고 다른 사람들을 대할 수 있습니까?"
하고는 스스로 목을 찔러 죽으려고 하였다.

　母大驚止之曰 前言戱耳 汝父是天帝孫 河伯甥
　모대경지지왈 전언희이 여부시천제손 하백생
　어머니가 그 모습을 보고 크게 놀라 말리며, 방금 한 말은 장난
으로 한 말이라고 하면서 "네 아버지는 천제의 손자이고 하백의
외손이시란다."

　怨爲扶餘之臣 逃往南土 始造國家 汝往見之乎
　원위부여지신 도왕남토 시조국가 여왕견지호
　"부여에서 남의 신하로 있는 것을 원통하게 여기시다가 남쪽 땅
으로 도망하여 새 나라를 세우신 분이다. 네가 가서 뵙겠느냐?" 하
였다.

　對曰 父爲人君 子爲人臣 吾雖不才 豈不愧乎
　대왈 부위인군 자위인신 오수부재 기불괴호
　유리가 대답하길, "아버지께서는 임금인데 자식이 남의 신하로
있다니, 제가 비록 재주 없으나 이것은 부끄러운 일입니다" 하였다.

母曰 汝父去時有遺言

모왈 여부거시유유언

"네 아버지께서 떠나실 때 내게 남긴 말이 있다"고 어머니께서
말씀하였다.

吾有藏物七嶺七谷石上之松 能得此者 乃我之子也

오유장물7령7곡 석상지송 능득차자 내아지자야

'내가 일곱 고개 일곱 계곡의 바위 위에서 자라는 소나무에 물건
을 감추었소 그것을 찾아 얻는다면 내 아들인 줄 알겠소'

類利自往山谷 搜求不得 疲倦而還

유리자왕산곡 수구부득 피권이환

유리가 이때부터 산과 계곡을 다니며 남긴 물건을 찾았으나 찾지
못하고 피곤에 지친 채 돌아왔다.

類利聞堂柱有悲聲 其柱乃石上之松

유리문당주유비성 기주내석상지송

유리가 지쳐 앉아있는데 마루기둥에서 슬픈 소리가 들렸다. 기둥
은 주춧돌 위에 놓여 있는 소나무였다.

體有七稜 類利自解之曰 七嶺七谷者 七稜也 石上松者 柱也

체유7능 유리자해지왈 7령 7곡자 7능야 석상송자 주야

주춧돌의 모양은 7각형으로 일곱 모서리가 있었다. 유리가 스스
로 해석하기를, '일곱 고개 일곱 계곡은 일곱 모서리로구나. 돌 위

의 자라는 소나무라는 것은 소나무 기둥이구나' 하였다.

起而就視之 柱上有孔 得毁劍一片 大喜
기이취시지 주상유공 득훼검일편 대희

일어나서 살펴보니 과연 기둥 위에 구멍이 있었다. 구멍에서 부러진 칼 조각을 얻고 크게 기뻐하였다.

前漢鴻嘉四年夏四月 奔高句麗 以劍一片 奉之於王
전한홍가 4 년하 4 월 분고구려 이검일편 봉지어왕

전한 시대 홍가 4 년 여름 4 월에 고구려로 도망가서 왕을 찾아뵙고 부러진 칼 조각을 바쳤다.

王出所有段劍一片合之 血出連爲一劍
왕출소유단검일편합지 혈출연위일검

왕이 가지고 있던 칼의 다른 한 조각을 꺼내 와 합치니 피가 흐르면서 하나의 칼이 되었다.

王謂類利曰 汝實我子 有何神聖乎
왕위유리왈 여실아자 유하신성호

왕이 유리를 보고 "네가 진정 나의 아들이라면 어떤 신성함을 갖고 있느냐?"고 물었다.

類利應聲 擧身聳空 乘牖中日 示其神聖之異 王大悅 立爲太子
유리응성 거신용공 승유중일 시기신성지이 왕대열 입위태자

유리가 아버지 주몽의 말을 듣자, 몸을 솟구쳐 공중에서 널빤지에 앉은 듯이 햇빛을 타고 앉아 보이는 신성함을 보이니 왕이 크게 기뻐하고 태자로 삼았다.

我性本質木 性不喜奇詭
아성본질목 성불희기궤
내 성품 원래 소박하여 기이하고 괴상한 것 좋아하지 않으니

初看東明事 疑幻又疑鬼
초간동명사 의환우의귀
처음에 동명왕을 읽고 환상인가 귀신인가 의심하였는데

徐徐漸相涉 變化難擬議
서서점상섭 변화난의의
천천히 그것들을 서로 연결 지으며 살피니 변화하는 것에 대하여 의심하고 의논할 것이 아니더라.

況是直筆文 一字無虛字
황시직필문 일자무허자
하물며 이것은 사서(史書)라서 있는 그대로 적는 글이며, 또한 한 글자라도 허투루 적을 수 있는 것이 아니다.

神哉又神哉 萬世之所韙
신재우신재 만세지소위

동명왕의 이야기는 신성하고 또 신성하며 아름다운 이야기로 길이길이 오래도록 전할 만하다.

因思草創君 非聖卽何以
인사초창군 비성즉하이
생각해보니 나라를 맨 처음 세우는 임금이 성인(聖人)이 아니라면 어찌 그렇게 큰일을 이루겠는가!

劉媼息大澤 遇神於夢寐
유온식대택 우신어몽매
유씨부인이 커다란 연못가에서 쉴 때 꿈속에서 우연히 신을 보았는데

雷電塞晦暝 蛟龍盤怪傀
뇌전새회명 교룡반괴괴
천둥 번개 치는 깜깜한 밤중에 괴이한 용신(龍神)이 굽이쳐 내려왔다네.

因之卽有娠 乃生聖劉季
인지즉유신 내생성유계
이로 인해 임신을 하더니 성인 유계(유방)가 태어났더라.

是惟赤帝子 其興多殊祚
시유적제자 기흥다수조

이가 곧 남쪽 신 적제의 아들로 그 흥성함에 특이함 많았네.

世祖始生時　滿室光炳煒

세조시생시　만실광병위

세조(유계의 후손인 유수)가 태어날 때도 집 안에 빛 가득 뻗치고

自應赤伏符　掃除黃巾僞

자응칙복부　소체황건위

적복부가 저절로 유수를 찾아오니, 황건적의 무리 소탕하고 즉위하였네.

自古帝王興　徵瑞紛蔚蔚

자고제왕흥　징서분위위

예로부터 제왕이 처음 일어날 때는 좋은 징조 많았는데

末嗣多怠荒　共絶先王祀

말사다태황　공절선왕사

끝의 자손들은 게으르고 모자라 나라 망하게 하고, 결국 조상의 제사도 끊기게 한다.

乃知守成君　集蓼戒小毖

내지수성군　집료계소비

나라를 잘 지키며 다스리는 임금은 어려움 속에서도 스스로 삼가고 경계할 줄을 알고

守位以寬仁 化民由禮義

슥위이관인 화민유예의

어질고 관대함으로 자리를 지킬 줄도 알며, 백성을 예의와 올바
름으로 교화할 줄도 안다.

永永傳子孫 御國多年紀

영영천자손 어국다년기

이렇게 길이길이 자손에게 전하면 그 나라 천년만년 지키고 다스
리리라.

東明王篇 幷序

世多說東明王神異之事 雖愚夫騃婦 亦頗能說其事 僕嘗聞之 笑曰
先師仲尼 不語怪力亂神 此實荒唐奇詭之事 非吾曹所說 及讀魏書通
典 亦載其事 然略而未詳 豈詳內略外之意耶 越癸丑四月 得舊三國史
見東明王本紀 其神異之迹 踰世之所說者 然亦初不能信之 意以爲鬼
幻 及三復耽味 漸涉其源 非幻也 乃聖也 非鬼也 乃神也 況國史直筆
之書 豈妄傳之哉 金公富軾重撰國史 頗略其事 意者公以爲國史矯世
之書 不可以大異之事爲示於後世而略之耶 按唐玄宗本紀 楊貴妃傳
並無方士升天入地之事 唯詩人白樂天恐其事淪沒 作歌以志之 彼實荒
淫奇誕之事 猶且詠之 以示于後 矧東明之事 非以變化神異眩惑衆目
乃實創國之神迹 則此而不述 後將何觀 是用作詩以 記之 欲使夫天下
知我國本聖人之都耳

元氣判流渾 天皇地皇氏 十三十一頭 體貌多奇異 其餘聖帝王 亦備
載經史 女節感大星 乃生大昊摯 女樞生顓頊 亦感瑤光暉 伏羲制牲犧
燧人始鑽燧 生蓂高帝祥 雨粟神農瑞 靑天女媧補 洪水大禹理 黃帝將
升天 胡髥龍自至 太古淳朴時 靈聖難備記 後世漸澆漓 風俗例汰侈 聖

人間或生　神迹少所示　漢神雀三年　孟夏斗立巳　*漢神雀三年四月甲寅*

海東解慕漱　眞是天之子　本記云　夫余王解夫婁老無子　祭山川求嗣　所

御馬至鯤淵　見大石流淚　王怪之　使人轉其石　有小兒金色蛙形　王曰　此

天錫我令胤乎　乃收養之　名曰金蛙　立爲太子　其相阿蘭弗曰　日者天降

我曰　將使吾子孫　立國於此　汝其避之　東海之濱有地　號迦葉原　土宜五

穀　可都也　阿蘭弗勸王移都　號東夫余　於舊都　解慕漱爲天帝子來都　初

從空中下　身乘五龍軌　從者百餘人　騎鵠紛襜襹　清樂動鏘洋　彩雲浮旖

旎　漢神雀三年壬戌歲　天帝遣太子降遊扶余王古都　號解慕漱　從天而

下　乘五龍車　從者百餘人　皆騎白鵠　彩雲浮於上　音樂動雲中　止熊心山

經十餘日始下　首戴烏羽之冠　腰帶龍光之劍　自古受命君　何是非天賜

白日下青冥　從昔所未視　朝居人世中　暮反天宮裡　*朝則聽事　暮卽升天*

世謂之天王郎　吾聞於古人　蒼穹之去地　二億萬八千　七百八十里　梯棧

躡難升　羽翮飛易瘁　朝夕恣升降　此理復何爾　城北有靑河　*靑河今鴨綠*

江也　河伯三女美　*長曰柳花　次曰萱花　季曰葦花*　擘出鴨頭波　往遊熊心

涘　*自靑河出遊熊心淵上*　鏘琅佩玉鳴　綽約顏花媚　*神姿艷麗　雜佩鏘洋*

與漢皐無異　初疑漢皐濱　復想洛水沚　王因出獵見　目送頗留意　兹非悅

紛華　誠急生繼嗣　*王謂左右曰　得而爲妃　可有後胤*　三女見君來　入水尋

相避　擬將作宮殿　潛候同來戲　馬撾一畫地　銅室欻然峙　錦席鋪絢明　金

罇置淳旨　蹁躚果自入　對酌還徑醉　*其女見王卽入水　左右曰　大王何不*

作宮殿　俟女入室　當戶遮之　王以爲然　以馬鞭畫地　銅室俄成壯麗　於室

中　設三席置樽酒　其女各坐其席　相勸飲酒大醉云云　王時出橫遮　驚走

僅顚躓　*王俟三女大醉急出　遮女等驚走　長女柳花　爲王所止*　長女曰柳

花　是爲王所止　河伯大怒嗔　遣使急且駛　告云渠何人　乃敢放輕肆　報云

天帝子　高族請相累　指天降龍馭　徑到海宮邃　*河伯大怒　遣使告曰　汝是*

何人 留我女乎 王報云 我是天帝之子 今欲與河伯結婚 河伯又使告曰
汝若天帝之子 於我有求昏者 當使媒云云 今輒留我女 何其失禮 王慙
之 將往見河伯 不能入室 欲放其女 女旣與王定情 不肯離去 乃勸王曰
如有龍車 可到河伯之國 王指天而告 俄而五龍車從空而下 王與女乘
車 風雲忽起 至其宮 河伯乃謂王 婚姻是大事 媒贄有通法 胡奈得自恣
河伯備禮迎之 坐定 謂曰 婚姻之道 天下之通規 何爲失禮 辱我門宗云
云 君是上帝胤 神變請可試 漣漪碧波中 河伯化作鯉 王尋變爲獺 立捕
不待跬 又復生兩翼 翩然化爲雉 王又化神鷹 搏擊何大驚 彼爲鹿而走
我爲豺而趂 河伯知有神 置酒相燕喜 伺醉載革輿 幷置女於輢 車傍曰
輢 意令與其女 天上同騰轡 其車未出水 酒醒忽驚起 河伯之酒 七日乃
醒 取女黃金釵 刺革從竅出 叶韻 獨乘赤霄上 寂寞不迴騎 河伯曰 王
是天帝之子 有何神異 王曰 唯在所試 於是 河伯於庭前水 化爲鯉 隨
浪而游 王化爲獺而捕之 河伯又化爲鹿而走 王化爲豺逐之 河伯化爲
雉 王化爲鷹擊之 河伯以爲誠是天帝之子 以禮成婚 恐王無將女之心
張樂置酒 勸王大醉 與女入於小革輿中 載以龍車 欲令升天 其車未出
水 王卽酒醒 取女黃金釵刺革輿 從孔獨出升天 河伯責厥女 挽吻三尺
弛 乃貶優渤中 唯與婢僕二 河伯大怒 其女曰 汝不從我訓 終欲我門
令左右絞挽女口 其唇吻長三尺 唯與奴婢二人 貶於優渤水中 優渤澤
名 今在太伯山南 漁師觀波中 奇獸行駊騀 乃告王金蛙 鐵網投淡淡
引得坐石女 姿貌甚堪畏 唇長不能言 三截乃啓齒 漁師強力扶鄒告曰
近有盜梁中魚而將去者 未知何獸也 王乃使魚師以網引之 其網破裂
更造鐵網引之 始得一女 坐石而出 其女唇長不能言 令三截其唇乃言
王知慕漱妃 仍以別宮置 懷日生朱蒙 是歲歲在癸 骨表諒最奇 啼聲亦
甚偉 初生卵如升 觀者皆驚悸 王以爲不祥 此豈人之類 置之馬牧中 群

馬皆不履 棄之深山中 百獸皆擁衛 王知天帝子妃 以別宮置之 其女懷
中日曜 因以有娠 神雀四年癸亥歲夏四月 生朱蒙 啼聲甚偉 骨表英奇
初生左腋生一卵 大如五升許 王怪之曰 人生鳥卵 可爲不祥 使人置之
馬牧 群馬不踐 棄於深山 百獸皆護 雲陰之日 卵上恒有日光 王取卵送
母養之 卵終乃開得一男 生未經月 言語並實 母姑舉而養 經月言語始
自言蠅嘬目 臥不能安睡 母爲作弓矢 其弓不虛掎 謂母曰 群蠅嘬目 不
能睡 母爲我作弓矢 其母以蓽作弓矢與之 自射紡車上蠅 發矢卽中 扶
余謂善射曰朱蒙 年至漸長大 才能日漸備 扶余王太子 其心生妬忌 乃
言朱蒙者 此必非常士 若不早自圖 其患誠未已 年至長大 才能並備 金
蛙有子七人 常共朱蒙遊獵 王子及從者四十餘人 唯獲一鹿 朱蒙射鹿
至多 王子妬之 乃執朱蒙縛樹 奪鹿而去 朱蒙拔樹而去 太子帶素言於
王曰 朱蒙者 神勇之士 瞻視非常 若不早圖 必有後患 王令往牧馬 欲
以試厥志 自思天之孫 廝牧良可恥 捫心常竊導 吾生不如死 意將往南
土 立國立城市 爲緣慈母在 離別誠未易 王使朱蒙牧馬 欲試其意 朱蒙
內自懷恨 謂母曰 我是天帝之孫 爲人牧馬 生不如死 欲往南土造國家
母在不敢自專 其母云云 其母聞此言 潸然拭淸淚 汝幸勿爲念 我亦常
痛痞 士之涉長途 須必憑駿馳 相將往馬閑 卽以長鞭捶 群馬皆突走 一
馬騂色斐 跳過二丈欄 始覺是駿驥 通典云 朱蒙所乘 皆果下也 潛以針
刺舌 酸痛不受飼 不日形甚癯 却與駑駘似 爾後王巡觀 予馬此卽是 得
之始抽針 日夜屢加餧 其母曰 此吾之所以日夜腐心也 吾聞士之涉長
途者 須憑駿足 吾能擇馬矣 遂往馬牧 卽以長鞭亂捶 群馬皆驚走 一騂
馬跳過二丈之欄 朱蒙知馬駿逸 潛以針捶馬舌根 其馬舌痛 不食水草
甚瘦悴 王巡行馬牧 見群馬悉肥大喜 仍以瘦錫朱蒙 朱蒙得之 拔其針
加餧云 暗結三賢友 其人共多智 烏伊摩離陜父等三人 南行至淹滯 一

名蓋斯水 在今鴨綠東北 欲渡無舟艤 欲渡無舟 恐追兵奄及 迺以策指

天 慨然嘆曰 我天帝之孫 河伯之甥 今避難至此 皇天后土 憐我孤子

速致舟橋 言訖 以弓打水 魚鼈浮出成橋 朱蒙乃得渡 良久追兵至 秉策

指彼蒼 慨然發長喟 天孫河伯甥 避難至於此 哀哀孤子心 天地其忍棄

操弓打河水 魚鼈駢首尾 屹然成橋梯 始乃得渡矣 俄爾追兵至 上橋橋

旋圮 追兵至河 魚鼈橋卽滅 已上橋者 皆沒死 雙鳩含麥飛 來作神母使

朱蒙臨別 不忍睽違 其母曰 汝勿以一母爲念 乃裹五穀種以送之 朱蒙

自切生別之心 忘其麥子 朱蒙息大樹之下 有雙鳩來集 朱蒙曰 應是神

母使送麥子 乃引弓射之 一矢俱擧 開喉得麥子 以水噴鳩 更蘇而飛去

云云 形勝開王都 山川鬱崔嵬 自坐茀蕝上 略定君臣位 王自坐茀蕝之

上 略定君臣之位 咄哉沸流王 何奈不自揆 苦矜仙人後 未識帝孫貴 徒

欲爲附庸 出語不愼葸 未中畫鹿臍 驚我倒玉指 沸流王松讓出獵 見王

容貌非常 引而與坐曰 僻在海隅 未曾得見君子 今日邂逅 何其幸乎 君

是何人 從何而至 王曰 寡人 天帝之孫 西國之王也 敢問君王繼誰之後

讓曰 予是仙人之後 累世爲王 今地方至小 不可分爲兩王 君造國日淺

爲我附庸可乎 王曰 寡人 繼天之後 今主非神之胄 强號爲王 若不歸我

天必殛之 松讓以王累稱天孫 內自懷疑 欲試其才 乃曰願與王射矣 以

畫鹿置百步內射之 其矢不入鹿臍 猶如倒手 王使人以玉指環 懸於百

步之外射之 破如瓦解 松讓大驚云云 來觀鼓角變 不敢稱我器 王曰 以

國業新造 未有鼓角威儀 沸流使者往來 我不能以王禮迎送 所以輕我

也 從臣扶芬奴進曰 臣爲大王取沸流鼓角 王曰 他國藏物 汝何取乎 對

曰 此天之與物 何爲不取乎 夫大王困於扶余 誰謂大王能至於此 今大

王奮身於萬死之危 揚名於遼左 此天帝命而爲之 何事不成 於是扶芬

奴等三人 往沸流取鼓而來 沸流王遣使告曰云云 王恐來觀鼓角 色暗

如故 松讓不敢爭而去 來觀屋柱故 咋舌還自愧 松讓欲以立都 先後爲
附庸 王造宮室 以朽木爲柱 故如千歲 松讓來見 竟不敢爭立都先後 東
明西狩時 偶獲雪色麂 大鹿曰麂 倒懸蟹原上 敢自呪而謂 天不雨沸流
漂沒其都鄙 我固不汝放 汝可助我憤 鹿鳴聲甚哀 上徹天之耳 霖雨注
七日 霈若傾淮泗 松讓甚憂懼 沿流謾橫葦 士民競來攀 流汗相䀝眙
東明卽以鞭 畫水水停沸 松讓擧國降 是後莫予訾 西狩獲白鹿 倒懸於
蟹原 呪曰 天若不雨而漂沒沸流王都者 我固不汝放矣 欲免斯難 汝能
訴天 其鹿哀鳴 聲徹于天 霖雨七日 漂沒松讓都 王以葦索橫流 乘鴨馬
百姓皆執其索 朱蒙以鞭畫水 水卽減 六月 松讓擧國來降云云 玄雲羃
鶻嶺 不見山邐迆 有人數千許 斲木聲髣髴 王曰天爲我 築城於其趾 忽
然雲霧散 宮闕高嶵嵬 七月 玄雲起鶻嶺 人不見其山 唯聞數千人聲以
起土功 王曰 天爲我築城 七日 雲霧自散 城郭宮臺自然成 王拜皇天就
居 在位十九年 升天不下莅 秋九月 王升天不下 時年四十 太子以所遺
玉鞭 葬於龍山云云 俶儻有奇節 元子曰類利 得劍繼父位 塞盆止人詈
類利少有奇節云云 少以彈雀爲業 見一婦戴水盆 彈破之 其女怒而詈
曰 無父之兒 彈破我盆 類利大慙 以泥丸彈之 塞盆孔如故 歸家問母曰
我父是誰 母以類利年少戲之曰 汝無定父 類利泣曰 人無定父 將何面
目見人乎 遂欲自刎 母大驚止之曰 前言戲耳 汝父是天帝孫 河伯甥 怨
爲扶餘之臣 逃往南土 始造國家 汝往見之乎 對曰 父爲人君 子爲人臣
吾雖不才 豈不愧乎 母曰 汝父去時有遺言 吾有藏物七嶺七谷石上之
松 能得此者 乃我之子也 類利自往山谷 搜求不得 疲倦而還 類利聞堂
柱有悲聲 其柱乃石上之松木 體有七稜 類利自解之曰 七嶺七谷者 七
稜也 石上松者 柱也 起而就視之 柱上有孔 得毀劍一片 大喜 前漢鴻
嘉四年夏四月 奔高句麗 以劍一片 奉之於王 王出所有毀劍一片合之

血出連爲一劍 王謂類利曰 汝實我子 有何神聖乎 類利應聲 舉身聳空

乘牖中日 示其神聖之異 王大悅 立爲太子 我性本質木 性不喜奇詭 初

看東明事 疑幻又疑鬼 徐徐漸相涉 變化難擬議 況是直筆文 一字無虛

字 神哉又神哉 萬世之所韙 因思草創君 非聖卽何以 劉媼息大澤 遇神

於夢寐 雷電塞晦暝 蛟龍盤怪傀 因之卽有娠 乃生聖劉季 是惟赤帝子

其興多殊祚 世祖始生時 滿室光炳煒 自應赤伏符 掃除黃巾僞 自古帝

王興 徵瑞紛蔚蔚 末嗣多怠荒 共絶先王祀 乃知守成君 集蓼戒小毖 守

位以寬仁 化民由禮義 永永傳子孫 御國多年紀

◈ 5언시 동명왕

元氣判流渾　원기판유혼　　天皇地皇氏　천황지황씨

十三十一頭　십삼십일두　　體貌多奇異　체모다기이

其餘聖帝王　기여성제왕　　亦備載經史　역비재경사

女節感大星　여절감대성　　乃生大昊摯　내생대호지

女樞生顓頊　여추생전욱　　亦感瑤光暐　역감요광위

伏羲制牲犧　복희제생희　　燧人始鑽燧　수인시찬수

生莫高帝祥　생명고제상　　雨粟神農瑞　우속신농서

靑天女媧補　청천여와보　　洪水大禹理　홍수대우리

黃帝將升天　황제장승천　　胡髯龍自至　호염용자지

太古淳朴時　태고순박시　　靈聖難備記　영성난비기

後世漸澆漓　후세점요리　　風俗例汰侈　풍속예태치

聖人間或生　성인간혹생　　神迹少所示　신적소소시

漢神雀三年　한신작삼년　　孟夏斗立巳　맹하두립사

海東解慕漱　해동해모수　　眞是天之子　진시천지자

初從空中下　초종공중하　　身乘五龍軌　신승오룡궤

從者百餘人　종자백여인　　騎鵠紛襂襹　기곡분삼시

清樂動鏘洋　청악동장양　　彩雲浮旖旎　채운부의니

自古受命君　자고수명군　　何是非天賜　하시비천사

白日下青冥	백일하청명	從昔所未視	종석소미시
朝居人世中	조거인세중	暮反天宮裏	모반천궁리
吾聞於古人	오문어고인	蒼穹之去地	창궁지거지
二億萬八千	이억만팔천	七百八十里	칠백팔십리
梯棧躡難升	제잔섭난승	羽翮飛易瘁	우핵비이췌
朝夕恣升降	조석자승강	此理復何爾	차리복하이
城北有青河	성북유청하	河伯三女美	하백삼녀미
擘出鴨頭波	벽출압두파	往遊熊心涘	왕유웅심사
鏘琅佩玉鳴	장랑패옥명	綽約顔花媚	작약안화미
初疑漢皐濱	초의한고빈	復想洛水沚	부상낙수지
王因出獵見	왕인출렵견	目送頗留意	목송파유의
玆非悅紛華	자비열분화	誠急生繼嗣	성급생계사
三女見君來	삼녀견군래	入水尋相避	입수심상피
擬將作宮殿	의장작궁전	潛候同來戲	잠후동래희
馬撾一畫地	마과일획지	銅室欻然峙	동실홀연치
錦席鋪絢明	금석포현명	金罇置淳旨	금준치순지
蹁躚果自入	편선과자입	對酌還徑醉	대작환경취
王時出橫遮	왕시출횡차	驚走僅顚躓	경주근전지
長女曰柳花	장녀왈유화	是爲王所止	시위왕소지
河伯大怒嗔	하백대노진	遣使急且駛	견사급차사
告示渠何人	고시거하인	乃敢放輕肆	내감방경사
報云天帝子	보운천제자	高族請相累	고족청상누
指天降龍馭	지천강용어	徑到海宮邃	경도해궁수
河伯乃謂王	하백내위왕	婚姻是大事	혼인시대사

媒贄有通法　매지유통법　　胡奈得自恣　호내득자자
君是上帝胤　군시상제윤　　神變請可試　신변청가시
漣漪碧波中　연의벽파중　　河伯化作鯉　하백화작리
王尋變爲獺　왕심변위달　　立捕不待跬　입포부대규
又復生兩翼　우부생양익　　翩然化爲雉　편연화위치
王又化神鷹　왕우화신응　　博擊何大鷙　박격하대지
彼爲鹿而走　피위녹이주　　我爲豺而趡　아위시이추
河伯知有神　하백지유신　　置酒相燕喜　치주상연희
伺醉載革輿　사취재혁여　　幷置女於輢　병치여어의
意令與其女　의령여기녀　　天上同騰轡　천상동등비
其車未出水　기거미출수　　酒醒忽驚起　주성홀경기
取女黃金釵　취녀황금채　　刺革從竅出　자혁종규출
獨乘赤霄上　독승적소상　　寂寞不廻騎　적막불회기
河伯責厥女　하백책궐녀　　挽吻三尺弛　만문삼척이
乃貶優渤中　내폄우발중　　唯與婢僕二　유여비복이
漁師觀波中　어사관파중　　奇獸行駓駓　기수행비사
乃告王金蛙　내고왕금와　　鐵網投溪溪　철망투규규
引得坐石女　인득좌석녀　　姿貌甚堪畏　자모심감외
唇長不能言　순장불능언　　三截乃啓齒　삼절내계치
王知慕漱妃　왕지모수비　　仍以別宮置　잉이별궁치
懷日生朱蒙　회일생주몽　　是歲歲在癸　시세세재계
骨表諒最奇　골표량최기　　啼聲亦甚偉　제성역심위
初生卵如升　초생란여승　　觀者皆驚悸　관자개경계
王以爲不祥　왕이위불상　　此豈人之類　차기인지류

置之馬牧中 치지마목중
棄之深山中 기지심산중
母姑擧而養 모고거이양
自言蠅嘈目 자언승참목
母爲作弓矢 모위작궁시
年至漸長大 연지점장대
扶餘王太子 부여왕태자
乃言朱蒙者 내언주몽자
若不早自圖 약부조자도
王令往牧馬 왕령왕목마
自思天之孫 자사천지손
捫心常竊導 문심상절도
意將往南土 의장왕남토
爲緣慈母在 위연자모재
其母聞此言 기모문차언
汝幸勿爲念 여행물위념
士之涉長途 사지섭장도
相將往馬閑 상장왕마한
群馬皆突走 군마개돌주
跳過二丈欄 도과이장난
潛以針刺舌 잠이침자설
不日形甚癯 불일형심구
爾後王巡觀 이후왕순관
得之始抽針 득지시추침

群馬皆不履 군마개불리
百獸皆擁衛 백수개옹위
經月言語始 경월언어시
臥不能安睡 와불능안수
其弓不虛掎 기궁불허기
才能日漸備 재능일점비
其心生妬忌 기심생투기
此必非常士 차필비상사
其患誠未已 기환성미이
欲以試厥志 욕이시궐지
廝牧良可恥 시목양가치
吾生不如死 오생불여사
立國立城市 입국입성시
離別誠未易 이별성미이
潸然扶淸淚 산연문청루
我亦常痛痞 아역상통비
必須憑駷騀 필수빙녹이
卽以長鞭捶 즉이장편추
一馬騂色斐 일마성색비
始覺是駿驥 시각시준기
酸痛不受飼 산통불수사
却與駑駘似 각여노태사
予馬此卽是 여마차즉시
日夜屢加餧 일야누가위

暗結三賢友	암결삼현우	其人共多智	기인공다지
南行至淹滯	남행지엄체	欲渡無舟艤	욕도무주의
秉策指彼蒼	병책지피창	慨然發長喟	개연발장위
天孫河伯甥	천손하백생	避難至於此	피난지어차
哀哀孤子心	애애고자심	天地其忍棄	천지기인기
操弓打河水	조궁타하수	魚鼈騈首尾	어별변수미
屹然成橋梯	흘연성교제	始乃得渡矣	시내득도의
俄爾追兵至	아이추병지	上橋橋旋圮	상교교선비
雙鳩含麥飛	쌍구함맥비	來作神母使	내작신모사
形勝開王都	형승개왕도	山川鬱嵂嵂	산천울죄귀
自坐茀蕛上	자좌불체상	略定君臣位	약정군신위
咄哉沸流王	돌재비류왕	何奈不自揆	하내부자규
苦矜仙人後	고긍선인후	未識帝孫貴	미식제손귀
徒欲爲附庸	도욕위부용	出語不愼思	출어불신사
未中畫鹿臍	미중화녹제	驚我倒玉指	경아도옥지
來觀鼓角變	내관고각변	不敢稱我器	불감칭아기
來觀屋柱故	내관옥주고	咋舌還自愧	색설환자괴
東明西狩時	동명서수시	偶獲雪色麂	우획설색궤
倒懸蟹原上	도현해원상	敢自呪而謂	감자주이위
天不雨沸流	천불우비류	漂沒其都鄙	표몰기도비
我固不汝放	아고불여방	汝可助我憤	여가조아치
鹿鳴聲甚哀	녹명성심애	上徹天之耳	상철천지이
霖雨注七日	임우주칠일	霈若傾淮泗	패약경회사
松讓甚憂懼	송양심우구	沿流謾橫葦	연류만횡위

士民競來攀　사민경래반　　流汗相腭眙　유한상악치
東明卽以鞭　동명즉이편　　畫水水停沸　획수수정비
松讓擧國降　송양거국항　　是後莫予訾　시후막여자
玄雲幂鶻嶺　현운몀골령　　不見山邐迤　불견산이이
有人數千許　유인수천허　　斲木聲髣髴　착목성방불
王曰天爲我　왕왈천위아　　築城於其趾　축성어기지
忽然雲霧散　홀연운무산　　宮闕高嵂嵬　궁궐고루외
在位十九年　재위십구년　　升天不下莅　승천불하이
倜儻有奇節　척당유기절　　元子曰類利　원자왈유리
得劍繼父位　득검계부위　　塞盆止人罿　새분지인리
我性本質木　아성본질목　　性不喜奇詭　성불희기궤
初看東明事　초간동명사　　疑幻又疑鬼　의환우의귀
徐徐漸相涉　서서점상섭　　變化難擬議　변화난의의
況是直筆文　황시직필문　　一字無虛字　일자무허자
神哉又神哉　신재우신재　　萬世之所韙　만세지소위
因思草創君　인사초창군　　非聖卽何以　비성즉하이
劉媼息大澤　유온식대택　　遇神於夢寐　우신어몽매
雷電塞晦暝　뇌전새회명　　蛟龍盤怪傀　교룡반괴괴
因之卽有娠　인지즉유신　　乃生聖劉季　내생성유계
是惟赤帝子　시유적제자　　其興多殊祚　기흥다수조
世祖始生時　세조시생시　　滿室光炳煒　만실광병위
自應赤伏符　자응적복부　　掃除黃巾僞　소제황건위
自古帝王興　자고제왕흥　　徵瑞紛蔚蔚　징서분위위
末嗣多怠荒　말사다태황　　共絶先王祀　공절선왕사

乃知守成君 내지수성군　集蓼戒小毖 집료계소비
守位以寬仁 수위이관인　化民由禮義 화민유예의
永永傳子孫 영영전자손　御國多年紀 어국다년기

◈ 시로 읽어보는 동명왕

세상이 열리자
천황씨(天皇氏) 지황씨(地皇氏) 나셨네.
머리가 열셋, 열하나
생김새 기이하도다.
뒤를 잇는 성왕(聖王)들
경서(經書)와 사서(史書)에 모두 있네.

여절은 큰 별빛 품어
소호 금천씨(少昊金天氏) 지 낳고
여추는 북두칠성 빛 받아
전욱 고양씨 낳았네.
복희씨는 제사제도를
수인씨는 불을 만들었네.
요임금은 명협(蓂莢) 잎 피고 지자
달력 만드시니
상서로운 풀은 뜰 주인도 고르네.
신농씨는 농사를 알려주고
여와씨는 푸른 하늘을 기웠네.

우임금은 홍수를 다스리고
황제 헌원씨 하늘로 돌아가려 하니
수염 난 용이 와서 모시고 갔다네.

아득한 옛날 순박한 시절
신령(神靈)하고 성(聖)스러운 일
이루 다 기록할 수 없더니
후인들 점점 야박해지고 경박해지고
풍속은 사치스럽고 화려해지니
성인(聖人)은 드물어지고
신비한 자취도 보기 어려워졌네.

한나라 신작 3년(서기전 59년) 4월 초여름에
해동의 해모수
진정한 하늘의 아들
지상으로 내려오는 첫날
드높은 파란 하늘 맑아지더니
흰 고니 가득 날고
다섯 마리 용 날아오네.
해모수는 오룡거 타고
백여 종자 나란히 고니 탔구나.
하늘 가득 오색 빛 옷자락과 새하얀 고니 날개 펄럭이고
맑고도 우렁찬 풍악 소리에
구름도 색색이 하늘하늘 깃발처럼 나부끼니

화려하고 장엄한 모습 눈부시더라.

예로부터 임금은
하늘이 내린다지만
밝은 대낮에 이렇게 내려옴은
일찍이 없었네.

하늘의 아들 해모수
아침이면 인간 세상
저녁이면 하늘 궁전

옛사람에게 들으니
하늘과 땅 사이는
이억 일만 팔천칠백팔십 리(里)
사다리 디뎌 오르랴
날갯짓하며 오르랴만,
하늘의 아들 해모수는
아침저녁 맘대로 오르내리니
그 이치 무엇인고.

성(城) 북쪽 맑은 강
하백(河伯)의 아름다운 세 딸
압록강 물결 헤치고 나와
웅심 물가에서 노니네.

걸음마다 '쟁쟁' 구슬 소리 은은하고
가냘픈 몸매에 꽃 같은 얼굴은
한고(漢臯)의 여신인가
낙수(洛水)의 여신인가

해모수 사냥 나왔다가
첫눈에 반하여 마음에 담았네.
곱고 아름다움에 취하랴
비(妃)로 맞아 아들을 원함이라네.

세 여인 왕이 다가오자
물속으로 숨었네.
신하들이 꾀를 내어
"이곳에 궁전을 지어
그들이 오거들랑 붙잡아 둡시다."
왕이 좋은 꾀라며
말채찍으로 땅을 치니
구리 궁전 문득 솟네.
비단 자리 눈부시게 깔고
금 술잔에 향기로운 술 놓았네.

과연 스스로 사뿐사뿐 들어와
마주 앉아 마시며 즐기고
취하여 집으로 가려 하네.

왕이 불쑥 가로막아
놀라 달아나다 넘어지니
맏이 유화는
왕에게 붙잡혔네.

하백이 크게 진노하여
사자(使者) 급히 보내
"너는 어떤 사람이기에
이다지도 방자한가?" 물으니
왕이 대답하길
"나는 천제의 아들,
고귀한 귀댁과 혼인하겠다" 하네.
하늘 가리켜 오룡거 부르니
이내 하백의 수궁에 닿더라.
하백이 왕에게
"혼인은 천하의 큰일,
중매와 폐백의 예법으로 할 터,
어찌 이리 경솔하여 나의 가문을 욕되게 하는가?
군(君)이 진정 상제(上帝)의 아들인지
신통한 변화 보여주게."

말을 끝낸 하백
보란 듯이
넘실대는 푸른 물결에 나아가

잉어 되어 살랑살랑 헤엄치네.
왕은 곧 수달 되어
몇 걸음 만에 잉어 잡아채네.
놀란 하백 날개 만들어
꿩 되어 날았네.
왕은 신령한 매 되어
맹렬히 잡아채더라.
하백이 사슴 되어 달아나니
왕은 승냥이 되어 쫓았네.

하백이 왕의 신통력에
참으로 하늘의 아들이라며
혼인 잔치를 벌였네.
하백이 왕에게 자꾸 술을 권하니
해모수 크게 취하였네.
딸과 취한 왕을 가죽부대에 넣고
오룡거 태우는데
하백의 뜻은
딸을 하늘에 보내는 것이네.

수레가 물에서 나오기도 전에
술이 깬 왕이 놀라며
유화의 황금비녀로
가죽 뚫고 틈으로 나와

홀로 하늘 높이 오르더라.
유화 외로이 남고
왕은 소식조차 없구나.

하백은 딸을 책망하며
입술을 석 자나 길게 당기고
우발수로 내쫓는데
그래도 시종 둘을 주었네.

우발수 고기잡이
물속 걷는 이상한 짐승 보고
금와왕에게 알렸네.
단단한 쇠그물로
돌에 앉아 있던 여자 끌어올리니
그 얼굴 기괴하더라.
입술이 길어 말을 못하니
세 번이나 자른 후 말을 하였네.

왕은 해모수의 비(妃)임을 알고
별궁으로 모셨네.
햇빛 받고 주몽을 낳으니
때는 계해년, 서기전 58년이라.
생김새 매우 뛰어나고
울음소리 또한 심히 컸는데

처음 됫박만 한 알로 태어나
보는 사람 모두 놀랐네.
금와왕은 좋지 못한 일이라며
사람 아니라며
마구간에 버렸는데
말들이 피하며 밟지 않네.
깊은 산속에 버렸더니
온갖 짐승이 품어주네.

어미가 맡아 기르니
한 달 만에 말을 하면서
파리가 눈을 빨아
누워도 편히 잘 수 없다더라.
어미가 활과 화살을 만들어주니
쏘는 활마다 백발백중이구나.

나이 점점 들수록
재능 점점 늘더라.
부여 태자
마음에 질투가 생겨
주몽은 보통 사람 아니라며
일찍 없애지 않는다면
후환 있으리라 하니
금와왕 주몽을 시험하려

마구간지기 만들었네.

주몽 생각하니

자신은 천제의 손자인데

남의 말이나 돌보다니

심히 수치스럽더라.

가슴을 부여잡고

'사는 것이 죽는 것만 못하다' 한탄하네.

뜻은 남쪽 땅에 도읍 세워

나라 세우련만

자애로운 어머니 홀로 두고

떠나기 어렵다며 슬퍼하네.

어머니 그 말 듣고

맑은 눈물 닦으며

"내 걱정일랑 말거라.

네 모습에 마음이 아플 뿐이다.

사나이 먼 길 갈 때

반드시 준마가 필요하다" 위로하며

함께 마구간에 가더니

긴 채찍 휘두르네.

놀란 말들 뛸 때

윤기 나는 붉은 말 한 마리

두 길 난간을 뛰어

준마임을 알았네.

준마 혀에 남몰래 바늘 꽂으니
아파서 먹지 못하고
며칠 못 가 심히 여위어
형편없는 둔마 되었네.
왕이 마구간을 둘러본 후
볼품없는 그 말은 주몽에게 주었네.
말을 얻자 바늘 뽑고
밤낮으로 잘 먹였네.

남몰래 맺은 세 명의 어진 벗
모두 지혜롭도다.
큰 뜻 세워 남으로 떠나네
부여 끝 엄체수
배는 없는데
부여 태자 무리 추격은 다가오니
주몽 채찍 들어 하늘 가리키며
길게 탄식하고
"나, 주몽. 천제의 손자요, 하백의 외손,
난을 피하여 이곳에 이르렀나이다.
가엾고 외로운 이 손자를
하늘과 땅은 정녕 버리시렵니까?"
하늘 향해 외치고
강물에 활 내리치니
물고기와 자라 떼가 머리와 꼬리를 나란히

다리 우뚝 세우네.
강을 건너자
물고기 다리 흩어지고
쫓아오던 태자의 병사들
물속에 빠졌네.

비둘기 한 쌍 보리 물고 날아오니
신모(神母)가 보낸 사자(使者)로구나.

좋은 터에 왕도(王都) 정하니
산천 울창하고 우뚝우뚝하여라.
풀 띠 엮은 방석 위
임금과 신하 되어 앉았네.

쯧쯧, 어쩌나 비류의 왕
자신의 처지 모르네.
신선의 후손이라 뻐기며
천제의 손자 몰라보네.
비류를 섬기라며
함부로 말하는구나.
활솜씨 겨루자 하고는
그림 속 사슴 배꼽도 맞히지 못하고
주몽의 옥가락지 깨는 솜씨에 놀라네.
북과 나팔 색 변하니

자기 것이라 말도 못 하고,
오래된 궁궐 기둥에
혀 깨물며 부끄러워하네.

동명왕 서쪽에서 사냥할 제
눈처럼 새하얀 사슴 잡아
해원 땅 높은 곳에 거꾸로 매달고
사슴 눈 보며
굳은 결의로 주문 외우네.
"하늘은 비류에 비를 내려
온 비류를 잠기게 하라.
송양이 나를 얕보니
이 분함을 하늘이 풀어주지 않으면
내 너를 놓아주지 않으리라"
사슴이 듣고 구슬프게 울어
사무치는 울음소리
하늘 끝 천제의 귀에 닿았네.

장맛비 주룩주룩 이레를 내려
저 회강(淮江)과 사강(泗江)의 물을 들이붓는 듯
비류 땅이 잠겼네.
송양은 배 위에서 두려워하고
백성들은 넘치는 물 여기저기에
밧줄에 매달리고 나무에 매달린 채 아우성이네.

동명왕 비류 백성 보더니
이내 채찍 들어
물을 내려치니 넘치던 물 멈추네.
송양 항복하여 신하 되니
이후로 함부로 못 하더라.

검은 구름 골령을 뒤덮어
어둠의 장막이 산을 가리니
앞은 보이지 않는데
'이영차'
나무 베는 소리만 들리네.
왕이 말하길
"하늘이 나를 위하여
저 터에 성을 쌓는구나."
문득 구름과 안개 흩어지고
궁궐 우뚝 솟아 있네.

왕위(王位)에 19년째
하늘에 오르시고 내려오지 않으셨네.

맏아들 유리
뛰어난 재주로
물동이 구멍 진흙 탄 쏘아 막고
부러진 칼 조각 찾아 왕위를 이었네.

내 성품이 본디 소박하여

기이하고 괴상한 것 좋아하지 않아

처음에 동명왕의 사적(史蹟) 읽고

귀신이냐 헛것이냐 의심하다가

천천히 연결하며 참뜻을 살피니

동명왕 사적(史蹟) 의심하며 의논할 일 아니더라.

하물며 있는 그대로 적는 것이 역사의 글인데

한 글자인들 허투루 썼겠는가.

신성(神聖)하고 또 신성한 이야기

만세에 전함이 옳도다.

생각하니, 나라를 처음 이루는 임금이

평범하다면 어찌 한 나라를 이루겠는가?

성(聖)스럽지 않다면 어찌 일을 이루겠는가?

옛날 유씨 여인이 큰 못가에서 쉴 때

꿈속에서 신을 만났네.

천지 깜깜하고 천둥 번개 치더니

기괴하고 커다란 용이 굽이쳐 내려오더라.

그로부터 태기(胎氣) 있어

남방(南方) 신(神) 적제(赤帝) 아들

한(漢)나라 세운 유계 태어났네.

그의 흥성(興盛)에 특이한 일 많더라.

후한(後漢) 일으킨
세조(世祖) 유수가 태어날 때도
밝은 빛이 온 집 안에 가득하였고
붉은 부적이 절로 따라와
'유수가 황제 되리라' 알려주니
과연 황건적 소탕하고 즉위하였네

예로부터 제왕이 일어날 때는
좋은 징조 많았는데
후손들은 갈수록 게으르고 거칠어
왕조 잃고 선왕의 제사도 끊는구나.

이제 알겠구나,
나라를 일구고 잘 지키는 임금은
고난 속에서도 삼가며 경계하고
어질고 관대함으로 자리를 지키고
백성은 예의와 도리로 교화하는 것을.
이렇게 자손만대에 전하고 지키면
천년만년 나라 거느리리라는 것을.

◈ 이규보의 『동국이상국집』은

이규보의 「동명왕편」은 그가 생전에 썼던 모든 글을 모은 문집 (文集) 『동국이상국집』에 실려 전한다.

이규보(1168~1241)는 어려서부터 신동이란 말을 들으며 글을 잘 지었지만, 과거는 세 번이나 낙방을 하였다. 1189년(명종 19년) 에 다시 과거시험을 준비하는데 꿈속에서 북두칠성의 여섯 번째 별 인 규성(奎星)이 나타난 이후 과거에 합격하였다고 한다. 이규보는 원래 '인저'라는 이름이었는데, 이후로 규성(奎星)이 자기에게 나타 나 좋은 일이 생긴 것을 잊지 않기 위해 이름을 규보(奎報)로 바꾸 었다고 한다. 규성(奎星)은 학문과 관련된 별로 당시 사람들은 규성 을 보거나 규성의 정기를 받으면 학문적으로 탁월한 능력을 발휘할 수 있다고 믿었다.

이규보는 여러 번 낙방 끝에 어렵게 과거에 급제하였지만, 당시 고려는 무신정권의 어지러운 시기로 문인들이 제대로 활동하기 힘 든 시기였다. 시험 성적과 관계없이 무관들의 권력으로 모든 관직 이 정해지던 시기였다. 이규보는 장원으로 합격한 후 5년이나 지난 1193년(명종 23년)까지도 여전히 관직을 받지 못해 한량 세월을 보낼 수밖에 없었다. 이 시기를 좋아하는 책을 읽으며 지냈다고 한다. 그러던 중에 『구삼국사』를 얻어 읽고, 동명왕 이야기에 큰 감명을 받아 그에 대한 시를 짓게 되었다고 한다.

　이규보가 26세(1193년)에 지은 「동명왕편(東明王篇)」은 다섯 글자씩 운을 맞춘 5언시(五言詩)이다. 다섯 글자로 한정된 운율의 짧은 시를 지으면서 읽는 이의 이해를 위하여 시구의 내용은 따로 주(注)로 달아 설명하였다. 이렇게 시구 중간중간에 그가 읽은 『구삼국사』의 내용을 인용하여 소개하면서 내용을 보충 설명한 덕분에 지금은 사라져 볼 수 없는 『구삼국사』의 존재를 확인시켜 주었으며, 단순히 상상만으로 지은 것이 아니라 역사책을 읽고 그 내용을 문학적으로 표현한 작품으로 평가받고 있다. 이규보의 「동명왕편」이 오언율시의 한문학(漢文學)이면서 동시에 역사적 가치를 지니는 까닭이 여기에 있다.

　「동명왕편(東明王篇)」에서 이규보는 먼저 중국의 전설적이며 신화적인 삼황오제의 이야기를 소개하고 있다. 중국 이야기를 알리려는 것이 아니라, 동명왕에 대한 이야기가 황당하다며 받아들이지 않고 무시하는 당대의 학자들에게 일침을 가하려는 의도에서 중국 이야기를 먼저 언급한 것이다. 이규보가 남긴 글로 보아 당시 고려의 문인과 학자들은 중국 고대 황제들에 대한 황당하고 기이한 이야기는 모두 당연한 역사로 공부하며 사실로 받아들였던 것으로 보인다. 복희씨·여와씨·전욱 고양씨나 공공에 대한 이야기는 당대의 학자들에게는 당연히 알고 있어야 할 상식에 속했던 것 같다.

고대 그리스 사람들이 저 먼 옛날에 대지의 신 '가이아'를 말하고, 번개의 신 '제우스'를 말하고, 바다의 신 '포세이돈'을 말했으며, 현재 우리도 그리스 신화의 기이한 이야기를 익숙하게 받아들이는 것처럼 말이다. 그렇게 당연히 여기는 복희씨·여와씨 이야기를 사실인 양 자연스럽게 이야기할 수 있다면, 우리의 동명왕 이야기도 마찬가지로 전해지는 내용 그대로 받아들여야 한다는 것이 이규보가 「동명왕편」을 남긴 이유라고 한다. 즉, 동명왕 이야기가 황당하다고 믿지 못한다면 복희씨·여와씨의 이야기 또한 믿지 못할 이야기가 된다는 것이다.

게다가 동명왕에 대한 이야기가 비단 우리나라의 『구삼국사』만이 아니라 중국의 『위서』와 『통전』에도 똑같은 내용이 적혀 있다고 한다. 『위서(魏書)』는 중국 남북조 시대인 6세기에 북제(550~577) 사람 위수가 황제의 명을 받아 편찬한 역사서로 중국에서 인정하는 위나라 정사(正史) 중의 하나다. 『통전(通典)』은 당나라(618~907) 시대에 편찬된 것으로, 중국에서 최초로 쓰인 백과사전적 역사서(歷史書)이다. 이렇듯 중국 역사책에서도 계속 우리 동명왕의 신이한 자취를 기록하고 있는 것은 그만큼 동명왕의 업적이 위대하기 때문이니, 마땅히 그 기록을 역사적 사실로 인정해야 한다는 것이 이규보의 생각이었던 것이다.

「동명왕편」이 수록되어 있는 『동국이상국집』의 편찬은 몽골족이 세운 원의 침입으로 고려 조정이 강화도로 천도해 있던 시기에 진행되었다. 명종(재위: 1170~1197) 때부터 고종(재위: 1213~1259)

때까지 관리로 활동했던 이규보의 문장을 귀하게 여긴 고종은 그의 글들을 모아 편찬하게 하였는데, 막상 이규보 자신은 문집의 완성을 보지 못하고 1241년 사망하였다. 그의 아들이 마무리하면서 '동쪽 나라의 재상 이씨가 지은 문집'이라는 뜻의 『동국이상국집(東國李相國集)』이라는 제목으로 1241년(고종 28년) 편찬하였다. 그런데 이규보의 생전에 완성하려고 서두른 탓에 미흡한 상태로 편찬된 것을 아쉽게 여긴 고종이 다시 편찬하도록 명을 내렸다. 그리하여 1251년(고종 38년)에 손자 익배에게 다시 편찬하도록 하였다.

30여 년의 관직생활을 하면서 경험했던 일들을 적은 이규보의 문장이 『동국이상국집』에 모아져 편찬된 덕분에 우리는 당시 고려의 사회, 문화, 정치적 상황을 엿볼 수 있게 되었다. 여러 작품 중에서 「동명왕편」, 「대장경각기고문(大藏經刻記告文)」, 「신인상정예문발미(新印詳定禮文跋尾)」는 특히나 역사적 사실들을 입증해주는 글로 중요하다. 「동명왕편」은 동명왕에 대한 내용도 풍부하며 말로만 있었다고 전해진 『구삼국사』의 존재를 확인시켜 준다. 「대장경각기고문(大藏經刻記告文)」은 지금 해인사에 남겨진 팔만대장경을 판각하게 된 경위와 연도를 알려주고 있다. 「신인상정예문발미(新印詳定禮文跋尾)」에서는 그 당시 고려에서 금속활자가 사용되고 있었음을 확인할 수 있게 해주었다. 이규보의 『동국이상국집』은 그의 문장력으로 인하여 국문학적인 가치와 역사적 사료의 가치를 동시에 갖추고 있다.

『동국이상국집』은 조선시대에도 계속 간행되었으나 임진왜란과

병자호란 등의 전란 등으로 한때 사라진 것을 일본에서 발견하여 영조(조선의 21대 왕, 재위: 1724~1776) 때 일본으로부터 가져와서 다시 편찬하였다는 이익의 기록이 있다. 이 기록으로 오늘날 우리에게 전해진『동국이상국집』을 영조 때 간행본으로 본다.

4부

일연의 『삼국유사』

부여

고구려

요동반도

옥저

발해

동예

산동반도

마한

진한

황해

변한

한(漢)

부여에서 태어나
고구려를 세운 주몽

옛 기록에 다음과 같은 내용이 전한다.

전한 시대 선제가 다스리던 신작 3년 임술년(서기전 59년) 4월 8
일에 하늘임금이 요나라 의주 경계에 있는 흘승골에 내려왔다고 한
다. 하늘임금은 다섯 마리 용이 이끄는 수레 '오룡거(五龍車)'를 타
고 내려와 흘승골에 도읍을 세우고, 나라 이름을 북부여라고 하였
다. 북부여의 왕이 되어 나라를 다스리는 그는 자기 이름이 해모수
라고 하였다. 해모수왕은 아들을 낳자 이름을 부루라 짓고, 자기 이
름의 해를 성으로 삼아 해부루라고 불렀다.

그런데 어느 날 하늘에 계신 상제(上帝)께서 해모수왕에게 명을
내리니, 해모수왕은 상제의 명을 받들어 북부여를 떠나 도읍을 옮
겼다. 왕은 새로운 곳에 도읍을 세우고 새 나라 이름을 동부여라고
하였다.

해모수가 떠난 북부여의 옛 도읍지에는 동명이 왕의 자리에 올라 북부여를 더욱 일으키더니 졸본주로 도읍을 옮겼다. 동명임금이 졸본으로 도읍을 옮기자 북부여를 졸본부여라고 부르게 되었다. 이후 동명임금은 졸본부여라 불리는 나라 이름을 고구려라고 고쳤다. 졸본을 수도로 했던 졸본부여의 동명임금이 바로 훗날 탄생한 고구려의 시조이다.

그런데 북부여를 떠나 동부여를 세운 왕이 해모수가 아닌 해부루라는 이야기도 전한다. 즉, 북부여의 이야기에 해모수란 이름이 빠지고 해부루부터 시작한다.

옛날 북부여에 해부루라는 왕이 있었다. 왕의 신하 중에 아란불이라는 재상은 하늘의 말을 전하는 일로 왕의 정치를 보좌하였다. 하루는 아란불이 해부루왕을 찾아왔다.

"임금님, 지난밤 꿈속에서 하늘의 말씀을 들었습니다. 앞으로 이곳 북부여의 도읍지는 하늘임금의 자손이 내려와 직접 다스리신다고 합니다. 그러므로 저희더러 미리 자리를 비우라 하셨습니다. 동쪽으로 가다 보면 가섭원이라는 곳이 있는데, 그곳은 흙이 기름지고 땅이 넓어서 새로운 왕도를 건설할 만하다고 합니다."

재상 아란불이 이렇게 말하며 권하자 해부루왕은 북부여의 자리를 피하여 옮기고 새로 옮긴 땅의 나라 이름을 동부여라고 하였다.

도읍을 옮긴 해부루왕은 늙도록 왕위를 물려줄 후사가 없었다. 이에 왕은 산천에 제를 올리며 후사를 얻게 해달라고 기원하였다.

하루는 산천에 제를 올리러 가는 길에 곤연 땅에 이르렀다. 그런데 이곳에서 왕이 탄 말이 더 이상 움직이지 않고 앞에 있는 커다란 바윗돌을 보면서 눈물을 흘렸다. 해부루왕이 이를 괴이하게 여기다가 사람을 시켜 말이 바라보고 있는 그 커다란 바윗돌을 치워보게 하였다. 그랬더니 바위 밑에서 금색이 뻗어 나오는 것 같더니 아주 어린 갓난아이가 마치 개구리처럼 엎드려 있는 것이 발견되었다. 모두 놀란 가운데 왕이 기뻐하면서 주위에 말하였다.

"이것은 하늘이 내게 내려주시는 아이로구나."

왕은 아이를 거두어 키우며 아이 이름을 금빛 개구리라는 뜻의 금와(金蛙)라고 지었다. 아이를 처음 발견했을 때의 모습을 이름으로 지은 것이다. 금와가 자라자 태자로 세웠다.

시간이 흘러 해부루왕이 서거하시니 태자였던 금와가 동부여의 왕위를 계승하였다. 그리고 다시 세월이 흘러 금와왕이 서거하자 뒤를 이어 태자 대소가 동부여의 왕이 되었다. 지황 3년 임오년(서기 22년) 때였다. 고구려의 제3대 왕이 된 동명왕의 손자 무휼은 동부여와의 전쟁에서 부여 왕 대소를 죽여 부여를 없앴다.

고구려의 시조 동명왕, 주몽의 탄생에 대하여는 다음과 같은 이야기도 있다.

고구려는 먼저 졸본부여에서 시작한 나라로, 고구려가 곧 졸본부여라고 한다. 졸본의 위치에 대하여 혹은 화주요, 혹은 성주라고 하는데 모두 틀렸다. 졸본은 요동의 경계지역이다.

국사(김부식의 『삼국사기』를 말한다) 고려(고구려를 말한다. 그 당시 고구려는 줄여서 흔히 고려라고 적었다. 중국 측 사서에서도 고구려는 흔히 고려라고 줄여 썼다) 본기에 따르면 시조 동명성왕의 성은 고씨이고, 왕의 휘는 주몽이다. 시조 동명성왕이 고구려를 세우기까지 북부여와 동부여 그리고 졸본부여 이야기가 차례로 나타난다.

북부여의 왕 해부루는 북부여를 떠나 동쪽으로 도읍을 옮겨서 그곳에 동부여를 열었다. 그 후에 부루왕이 죽자 금와왕이 뒤를 이어 동부여의 왕위를 물려받았다. 금와왕이 동부여를 다스리며 이곳저곳 나라 안을 순시하면서 태백산 남쪽의 우발수가에 이르렀는데, 사람이 살지 않는 것으로 알려진 우발수가에서 한 여자를 만났다. 금와왕은 매우 이상한 일이라 여기고 여자에게 사정을 물었다. 여인이 대답하였다.

"저는 하백의 딸이며 이름은 유화라고 합니다. 여러 동생들과 함께 밖에 나와서 놀고 있었는데, 한 남자가 다가오더니 자기는 하늘임금의 아들인 해모수라고 소개했습니다. 그리고 저를 꾀어서 웅신산 아래의 압록강 변에 있는 집으로 데려가 정을 통하더니 그 후로 어디론가 가서 돌아오지 않았습니다. 부모님께서 이 일을 아시고 제가 중매도 없이 남자를 쫓아간 것을 꾸짖으시며 내쫓으셔서, 이렇게 지금 이곳 우발수가에서 귀양살이를 하고 있습니다."

금와왕은 여인의 말을 듣고 평범한 여인이 아니라고 느꼈다. 그러나 그녀의 말을 다 믿을 수도 없었다. 왕은 일단 여인을 자기가 사는 궁궐로 데리고 왔으나 궁궐 깊이 가두어 자유로운 출입은 막았다.

궁궐 깊은 곳에 적적하게 머물게 된 유화에게 햇빛이 닿아 비추었다. 유화가 햇빛을 피하려고 몸을 움직이는데 햇빛 또한 따라오면서 유화를 비추었다. 이 일로 인하여 유화는 임신을 하였다. 그런데 아이를 낳을 때가 되자 기이하게도 닷 되(대략 3kg 정도의 크기)나 되는 커다란 알을 하나 낳았다. 왕이 이를 흉하게 여기고 그 큰 알을 개나 돼지에게 줘버리라고 명하였다. 그런데 개와 돼지들이 모두 알을 피하고 먹지 않았다. 다시 길거리에다 버렸는데 이번에는 소와 말이 알을 피해 다녔다. 들에다 버리게 하였더니 이번에는 새와 짐승들이 모여들어 알을 덮어주며 보호하였다. 왕이 이상하게 여기고 알을 깨 버리려고 했는데 깰 수가 없었다. 마침내 알수 없는 이상한 기운을 느낀 왕은 다시 그 어미에게 알을 돌려주라고 하였다. 자기가 낳은 알을 다시 받은 유화가 알을 감싸고 따뜻한 곳에 두며 보호하니 한 아이가 껍데기를 깨고 태어났는데, 생김새가 반듯하니 영특해 보였고 기골이 장대하여 호걸다웠다. 나이 겨우 일곱 살, 어린 나이에 벌써 지혜와 덕이 남달랐다. 활과 화살을 스스로 만들었고 쏠 때마다 백발백중이었다. 나라 풍속에 활 잘 쏘는 사람을 주몽이라고 불렀는데, 이런 이유로 아이 이름이 주몽이 되었다.

고구려를 세운 주몽의 탄생과 관련한 기록이 「단군기」에도 있다. ≪※ 일연에 의하면 단군(檀君)은 한 사람의 이름이 아니라 고대 우두머리를 칭하는 단어이다. 단군은 대대로 1대 단군 ○○, 2대 단군 ○○, 3대 단군 ○○ 등으로 이어져 왔다. 1대 왕 ○○, 2대 왕 ○○, 3대 왕 ○○처럼 단군을 왕과 같은 뜻으로 보았다.≫ 「단군기」에 따르면 단군 해모수는 서쪽 나라 하백(河伯)의 딸과 친하여 아들을 낳아 이름을 부루라고 지었다고 한다. ≪※ 옛날 하백이란 명칭을 물의 신으로 보기도 하고, 일정 영역을 지배하는 관직명으로 이해하기도 한다. 관직명이라고 하면 하백은 여러 명이 있을 수 있다.≫ 그런데 지금 이 역사책(김부식의 『삼국사기』)에서는 해모수가 하백의 딸과 몰래 통하여 아들 주몽을 낳았다고 적혀 있다. 두 기록을 보건대 단군 해모수는 서쪽 지역 하백의 딸과는 정식으로 혼인하였고, 둘 사이에서 태어난 아들이 부루이다. 그리고 단군 해모수는 혼인하지 않은 채 몰래 다른 하백의 딸과 서로 통하여 아들 주몽을 낳았으니, 결국 부루는 단군 해모수의 적자이고, 주몽은 서자가 된다. 이렇게 볼 때 부루와 주몽은 아버지는 같고 어머니는 다른 이복형제인 것이다.

≪※ 일연이 『삼국유사』에서 언급한 「단군기」의 기록대로 부루가 해모수의 적자고 주몽이 그 서자라면, 금와왕이 유화부인을 태후의 예로 장례를 치르고, 그에 대해 주몽이 감사의 답례를 했다는 『삼국사기』의 기록은 일리가 있어 보인다.≫

한편, 금와왕에게는 일곱 명의 아들이 있었는데, 주몽은 늘 일곱 왕자들과 함께 놀았다. 그런데 일곱 왕자의 재능을 모두 합해도 주몽 한 명을 따르지 못하였다. 장자 대소가 금와왕에게 하소연하였다.

"아바마마, 주몽은 사람의 소생이 아니옵니다. 만약 일찌감치 없애지 않으면 훗날 나라에 큰 화가 닥칠까 두렵습니다."

대소는 왕명으로 주몽을 없애길 원했다. 왕은 주몽을 죽여달라는 대소의 청을 들어주지는 않았으나, 대신 주몽에게 말을 돌보는 천한 일을 맡겨 왕자들과 다르다는 것을 알도록 하였다. 주몽은 말을 돌보게 되자 더 이상 부여에 머물 필요가 없다고 생각하였다. 주몽은 준마를 골라 먹이를 조금만 주어 비쩍 마른 채 비실비실하게 만들고, 둔마에게는 먹이를 잘 주어 겉모습이 살찌고 윤기 나게 하였다. 어느 날 금와왕은 주몽이 맡긴 일을 잘 하고 있는지 보러 왔다. 왕은 보기 좋은 살찐 말은 자기가 타고, 앙상하게 비쩍 마른 말은 주몽에게 선물로 주었다. 그러나 왕의 아들들은 여전히 주몽을 미워하여 신하들과 함께 아무도 모르게 주몽을 없애자고 서로 모의하였다. 주몽의 어머니 유화부인이 그 음모를 알게 되어 아들에게 말하였다.

"얘야, 이 나라 사람들이 기어이 너를 해치려고 하는구나. 이제 너의 지혜와 재주로 어디인들 못 가겠느냐? 부디 서둘러 이곳을 떠나, 너의 큰 뜻을 펼치길 바란다."

주몽은 어머니의 말을 듣고 곧 서둘렀다. 이미 떠나려는 뜻을 정하고 준비하고 있던 주몽이었다. 주몽은 미리 약속하고 있었던 친구들 오이, 마리, 협보와 함께 부여를 떠나 얼마 후 엄수에 이르렀다. 강을 건너려는데 배는 없고, 게다가 왕자들의 일행이 말 타고 쫓아오는 것이 보였다. 위험이 가까이 오자 주몽은 물을 보며 말하였다.

"나는 하늘임금의 아들이요, 물의 임금 하백의 외손이다. 지금 나를 해치려는 자들을 피하여 도망가고 있는데, 그들이 거의 다 따라왔으니 이를 어찌하면 좋겠느냐?"

그러자 물고기와 자라들이 모이더니 엄수 물 위로 다리를 놓아주었다. 주몽과 친구들이 강을 다 건너자 물고기와 자라로 만들어졌던 다리가 흩어졌다. 따라오던 기마병들은 강을 건널 수 없었다.

주몽은 졸본주에 이르러 마침내 도읍을 세웠다. 졸본주는 현도군의 경계에 있다. 도읍을 정했으나 아직은 궁궐을 지을 형편이 아니어서 우선 비류수 강가에 풀로 엮은 농막을 짓고 살았다. 나라 이름을 고구려라 하고, 나라 이름을 따라서 자신의 성도 새롭게 '고'씨라고 하였다. 원래는 해씨였는데, 스스로 하늘임금의 아들이고 햇빛을 받아 태어났다고 하면서 이에 '높다, 귀하다, 뛰어나다'는 뜻을 가진 고(高)를 성으로 택한 것이다.

주몽이 나라를 세운 때의 나이는 12세 ≪※ 22세를 잘못 적었거나 잘못 각인된 것으로 보인다.≫로, 한나라 효원제 건소 2년 갑신년(서기전 37년)이다. 이해에 왕으로 즉위하였다. 고구려의 전성기에는 집이 21만 5백8호나 되었다.

7세기경 당나라 고종의 치세 때 승려 도세가 지은 『법원주림』에도 동명왕의 이야기가 전한다. 주림전 제21권에 의하면 옛날 부여에 영품리라는 왕이 살았다. 영품리는 부여 왕 해부루의 다른 이름이다. 이 영품리왕의 한 시녀가 임신을 하였는데, 관상으로 점을 치는 관상쟁이가 시녀의 임신한 배를 보더니 곧 왕에게 아뢰었다.
"저 시녀가 임신한 아이는 매우 존귀한 아이로 반드시 왕이 될 것입니다."
이에 왕이 말하였다.

"저 아이는 내 자손이 아닌데 왕이 된다니 마땅히 죽여야겠다."

그러자 임신한 시녀가 엎드리며 말하였다.

"하늘의 기운이 따라오더니, 그로 인해 임신을 하였습니다."

왕은 시녀를 차마 죽이지 못했고, 시녀는 결국 아이를 낳았다. 왕은 매우 못마땅하게 여겨서 갓난아이를 돼지우리에 버리게 하였다. 그랬더니 돼지들이 입김을 불어 아이를 따뜻하게 하며 보호해 주었다. 왕이 다시 마구간에 버리게 하였더니 이번에는 말들이 젖을 먹여주어 아이를 살려주었다. 이 아이가 훗날 부여의 왕이 되었다. 이것이 졸본부여의 동명왕 이야기이다. 졸본부여는 북부여의 또 다른 도읍지이기 때문에 졸본부여의 왕도 부여 왕이라고 부르는 것이다.

◆ 『삼국유사』 동명왕 부분 원문 음과 번역

北扶餘

북부여

古記云 前漢書宣帝神爵三年壬戌 四月八日

고기운 전한서선제신작 3년임술 4월 8일

옛 기록에 따르면 전한 선제 신작 3년 임술(서기59년) 4월 8일에

天帝降于訖升骨城   *在大遼醫州界*

천제강우흘승골성   *재대요의주계*

천제가 하늘에서 내려와 흘승골에 이르렀다.

흘승골은 요나라 의주 경계에 있다

乘五龍車 立都稱王 國號北扶餘 自稱名解慕漱

승오룡거 입도칭왕 국호북부여 자칭명해모수

다섯 마리 용이 이끄는 수레를 타고 내려와 도읍을 세워 왕이라 칭
하고 나라이름을 북부여라 하였으며 자기이름은 해모수라고 하였다.

生子名扶婁 以解爲氏焉

생자명부루 이해위씨언

아들을 낳아 부루라 이름 짓고 자기의 해씨를 성으로 삼았다.

王後因上帝之命 移都于東扶餘

왕후인상제지명 이도우동부여

왕은 그 후에 상제의 명을 받고 북부여를 떠나 도읍을 옮기더니
나라 이름을 동부여라 하였다.

東明帝繼北扶餘而興 立都于卒本州 爲卒本扶餘 卽高句麗之始祖

동명제계북부여이흥 입도우졸본주 위졸본부여 즉고구려지시조

북부여는 동명임금이 더욱 크게 발전시키며 졸본주를 도읍으로
정했다. 이것이 졸본부여이며, 곧 동명임금이 고구려의 시조이다.

東扶餘

동부여

北扶餘王解夫婁之相阿蘭弗 夢 天帝降而謂曰

북부여왕해부루지상아란불 몽 천제강이위왈

북부여의 왕 해부루의 재상 아란불의 꿈속에 천제가 내려와 말하
였다.

將使吾子孫 立國於此 汝其避之 *謂東明將興之兆也*

장사오자손 입국어차 여기피지 *위동명장흥지조야*

"앞으로 내 자손으로 하여금 이곳에 나라를 세우게 할 것이니 너는 이곳을 피하라" *이것은 장차 동명왕이 흥기할 조짐이다.*

東海之濱 有地名迦葉原 土壤膏腴 宜立王都

동해지빈 유지명가섭원 토양고유 의립왕도

"동해가에 가섭원이란 곳이 있는데 흙은 기름지고 땅은 넓으니 왕도를 세울 만하다."

阿蘭弗勸王 移都於彼 國號東扶餘 夫婁老無子 一日祭山川求嗣

아란불권왕 이도어피 국호동부여 부루노무자 일일제산천구사

아란불이 왕에게 권하니, 왕이 북부여를 피하여 도읍을 옮기고 나라 이름을 동부여라고 하였다. 부루왕은 늙도록 아들이 없어 하루는 산천에 제사를 지내 후사를 얻게 해달라고 기원하였다.

所乘馬至鯤淵 見大石 相對俠(淚)流

소승마지곤연 견대석 상대협(누)류

왕이 탄 말이 곤연에 이르렀는데, 말이 멈추더니 앞에 있는 커다란 돌을 마주 바라보며 눈물을 흘렸다.

王怪之 使人轉其石 有小兒 金色蛙形

왕괴지 사인전기석 유소아 금색와형

왕이 괴이하게 여기고 사람을 시켜 그 돌을 굴려 치우게 했더니

금빛 개구리 모양의 어린아이가 있었다.

王喜曰 此乃天賚我令胤乎 乃收而養之 名曰金蛙 及其長 爲太子

왕희왈 차내천뢰아령윤호 내수이양지 명왈금와 급기장 위태자

왕이 기뻐하며 "이 아이는 곧 하늘이 내게 내려주시는 후계자가
아니고 무엇이겠는가?" 말하면서 데리고 와 키웠다. 아이 이름은
금개구리라는 뜻의 금와라고 하였다. 아이가 자라자 태자로 삼았다.

夫婁薨 金蛙嗣位爲王 次傳位于太子帶素

부루흥 금와사위위왕 차전위우태자대소

부루가 죽자 금와가 뒤를 이어 왕이 되었다. 금와왕이 죽자 그의
뒤를 이어 태자 대소가 동부여의 왕이 되었다.

至地皇三年壬午 高麗王無恤伐之 殺王帶素 國除

지지황 3년임오 고려왕무휼벌지 살왕대소 국제

지황 3년인 임오년(서기 22년)에 고구려 왕 무휼(제3대 대무신
왕, 재위: 서기 18~44)이 동부여 왕 대소를 죽이고 그 나라를 없
앴다.

高句麗

고구려

高句麗 即卒本扶餘也 或云今和州 又成州等 皆誤矣

고구려 즉졸본부여야 혹운금화주 우성주등 개오의

고구려는 즉 졸본부여이다. 졸본은 지금 혹은 화주요 혹은 성주
라고 하는데 모두 틀렸다.

卒本州在遼東界

졸본주재오동제

졸본은 요동의 경계에 있다.

國史 高麗本記云 始祖東明聖帝姓言(高)氏 諱朱蒙

국사 고려본기운 시조동명성제성언(고)씨 휘주몽

국사 고구려본기에 시조 동명성왕의 성은 '고'씨요, 임금의 휘(이
름)는 주몽이라고 하였다.

先是 北扶餘王解夫婁 旣避地于東扶餘 及夫婁薨 金蛙嗣位

선시 북부여왕해부루 기피지우동부여 급부루훙 금와사위

먼저, 북부여의 왕 해부루는 이미 북부여 땅을 피하여 동쪽으로
도읍을 옮겨 동부여를 세웠다. 그리고 부루가 죽자 금와가 왕위를
이었다.

于時得一女子於太伯山南優渤水 問之

우시득일여자어태백산남우발수 문지

태백산 남쪽 우발수를 지나다 한 여자를 만나 사정을 묻게 되었다.

云 我是河伯之女 名柳花 與諸弟出遊 時有一男子 自言天帝子解慕漱

운 아시하백지녀 명유화 여제제출유 시유일남자 자언천제자해모수

여자가 대답하기를 "저는 하백의 딸이며 이름은 유화라 합니다.
여러 동생들과 나와서 놀고 있는데 한 남자가 오더니, 자기는 천제
의 아들 해모수라고 하였습니다."

誘我於熊神山下 鴨淥邊室中知(私)之 而往不返

유아어웅신산하 압록변실중지(사)지 이왕불반

"나를 꾀어 웅신산 아래 압록강 변의 집에서 정을 통하더니 그
후로 어디론가 가서 사라지고 돌아오지 않았습니다."

壇君記云 君與西河河伯之女要親 有産子 名曰夫婁

단군기운 군여서하하백지녀요친 유산자 명왈부루

「단군기」에서는 임금이 서하 하백의 딸과 친하여 아들을 낳아 이
름을 부루라 하였다고 한다.

今按此記 則解慕漱私河伯之女 而後産朱蒙

금안차기 즉해모수사하백지녀 이후산주몽

지금 이 기록에서는 해모수(=단군)와 하백의 딸이 사사로이 정
을 통하여 낳은 이가 주몽이라고 한다.

壇君記云 産子名曰夫婁 夫婁與朱蒙異母兄弟也

단군기운 산자명왈부루 부루여주몽이모형제야

「단군기」에서는 서하 하백의 딸과의 사이에서 태어난 아이는 부루라 하고 여기서는 하백의 딸과 낳은 아이는 주몽이라 하니, 부루와 주몽은 아버지는 같고 어머니가 다른 형제이다.

父母責我無媒而從人 遂謫居于此 金蛙異之 幽閉於室中

부모책아무매이종인 수적거우차 금와이지 유폐어실중

"부모님께서는 제가 중매도 없이 남자를 쫓아갔다고 내쫓으셔서 이곳에서 귀양살이를 하고 있습니다" 하니 금와왕이 이상하다 여기고 집 안에 가두었다.

爲日光所照 引身避之 日影又逐而照之 因而有孕 生一卵 大五升許

위일광소조 인신피지 일영우축이조지 인이유잉 생일란 대오승허

햇빛이 집 안을 비추니 유화가 몸을 피하는데도 또 따라오면서 비추었다. 이 일로 인하여 임신을 하더니 알을 하나 낳았는데, 그 크기가 다섯 되나 되었다(대략 3kg 정도의 크기이다).

王棄之與犬猪 皆不食 又棄之路 牛馬避之 棄之野 鳥獸覆之

왕기지여견저 개불식 우기지로 우마피지 기지야 조수복지

왕이 버리라고 하여 개와 돼지에게 버렸는데 개와 돼지가 모두 먹지 않았다. 다시 길에다 버렸는데 소와 말이 피해 다녔다. 들에다 버렸더니 새와 짐승이 덮어주었다.

王欲剖之而不能破 乃還其母

왕욕부지이불능파 내환기모

왕이 알을 깨려고 하였더니 깰 수 없었다. 그래서 그 어미에게 돌려주었다.

母以物裹之 置於暖處 有一兒 破殼而出 骨表英奇

모이물과지 치어난처 유일아 파각이출 골표영기

그 어미가 알을 감싸고 따뜻한 곳에서 보호하였더니 드디어 껍데 기를 깨고 아이가 나왔는데 생김새가 영특하고 호걸다웠다.

年甫七歲 岐嶷異常 自作弓矢 百發百中 國俗謂善射爲朱蒙 故以名焉

연보7세 기억이상 자작궁시 백발백중 국속위선사위주몽 고이명언

나이 겨우 7살 어린 나이에 지혜롭고 덕이 뛰어나더니 스스로 활과 화살을 만들었는데 쏘는 것마다 백발백중이었다. 나라 풍속에 활 잘 쏘는 이를 주몽이라 하였는데 이런 이유로 주몽이 이름이 되었다.

金蛙有七子 常與朱蒙遊戲 技能莫及 長子帶素言於王曰

금와유 7자 상여주몽유희 기능막급 장자대소언어왕왈

금와에게는 일곱 명의 아들이 있었는데 늘 주몽과 함께 놀았다. 그들의 재능이 주몽을 이기지 못하였다. 장자 대소가 왕에게 말하기를

朱蒙非人所生 若不早圖 恐有後患

주몽비인소생 약부조도 공육후환

"주몽은 사람이 낳은 자식이 아닙니다. 만약 일찍이 없애지 않으면 후환이 있을까 두렵습니다" 하였다.

王不聽 使之養馬 朱蒙知其駿者 減食令瘦 駑者善養令肥

왕불청 사지양마 주몽지기준자 감식령수 노자선양령비

그러나 왕은 이를 듣지 않고 주몽에게 말을 돌보게 하였다. 주몽은 준마를 가려볼 줄 알았다. 준마에게는 먹이를 조금 주어 여위게 하고 다른 말들은 잘 먹여 살찌게 하였다.

王自乘肥 瘦者給蒙 王之諸子與諸臣將謀害之 蒙母知之 告曰

왕자승비 수자급몽 왕지제자여제신장모해지 몽모지지 고왈

왕이 살찐 말은 자기가 타고 여윈 말은 주몽에게 주었다. 왕의 아들들과 그 신하들 모두 함께 앞으로 주몽을 없애자고 모의하였다. 주몽의 어미가 그것을 알고 말하길,

國人將害汝 以汝才略 何往不可 宜速圖之

국인장해여 이여재략 하왕불가 의속도지

"나라 사람들이 너를 해치려 한다. 너의 재주로 어디인들 가지 못하겠느냐. 속히 이곳을 떠나 너의 뜻을 펼치길 바란다" 하였다.

於是蒙與烏伊等三人爲友 行至淹水 今未詳 告水曰

어시몽여오이등 3인위우 행지엄수 금미상 고수왈

이에 주몽이 오이, 마리, 협보 등의 세 친구와 함께 떠나 엄수에 도착하였다. *지금 어디인지 알 수 없다.(일연이 살던 시대)* 물에게 고하였다.

我是天帝子 河伯孫 今日逃遁 追者垂及 奈何
아시천제자 하백손 금일도둔 추자수급 내하

"나는 천제의 아들이자 하백의 손자다. 지금 도망가고 있는데 추격하는 자가 거의 따라왔으니 이를 어찌하면 좋겠느냐?" 하였다.

於是魚鼈成橋 得渡而橋解 追騎不得渡 至卒本州 *玄菟郡之界* 遂都焉
어시어별성교 득도이교해 추기부득도 지졸본주 현도군지계 수도언

그러자 물고기와 자라 떼가 모이더니 다리를 만들어주었다. 강을 다 건너자마자 다리가 흩어져 추격하는 기병들은 건널 수 없었다. 일행은 다리를 건너 졸본주에 이르렀다. *현도군의 경계를 말한다.* 마침내 도읍으로 정하였다.

未皇作宮室 但結廬於沸流水上居之 國號高句麗 因以高爲氏
미황작궁실 단결려어비류수상거지 국호고구려 인이고위씨

아직은 궁궐을 지을 형편이 아니어서 우선 비류강가에 농막을 짓고 살았다. 나라 이름을 고구려라고 하였다. 그리고 나라 이름으로 인하여 '고'를 성씨로 삼았다.

本姓解也 今自言是天帝子 承日光而生 故自以高爲氏
본성해야 금자언시천제자 승일광이생 고자이고위씨

본래 성은 해씨이다. 이제 스스로 하늘임금의 아들이라 하고 햇빛을 받아 태어나서 왕이 되었으므로 이러한 이유로 '높다, 뛰어나다, 숭고하다'는 뜻의 '고'를 자신의 성으로 삼은 것이다.

時年十二歲 漢孝元帝建昭二年甲申歲卽位稱王

시 년 십 이 세 한 효 원 제 건 소 이 년 갑 신 세 즉 위 칭 왕

이때가 12세로 전한 효원제 건소 2년 갑신년(서기전 37년)에 즉위하여 왕이라고 칭하였다.

高麗全盛之日二十一萬五百八戶

고 려 전 성 지 일 2십 1만 5백 8호

고구려의 전성기에는 가구수가 21만 5백 8호나 되었다.

珠琳傳第二十一卷載 昔寧稟離王侍婢有娠 相者占之曰

주 림 전 체 이 십 일 권 재 석 영 품 리 왕 시 비 유 신 상 자 점 지 왈

주림전 제21권에는 이렇게 전한다. 옛날에 영품리왕을 모시는 여종이 임신을 하였는데 관상을 보는 자가 그 여종을 보고 예언하기를,

貴而當王 王曰 非我之胤也 當殺之 婢曰 氣從天來 故我有娠

귀 이 당 왕 왕 왈 비 아 지 윤 야 당 살 지 비 왈 기 종 천 래 고 아 유 신

"배 속의 아이는 귀한 아이로 마땅히 왕이 될 것입니다" 하였다. 영품리왕이 그 말에 "내 자손이 아니니 죽여야겠다" 하며 곧 죽이려 하였다. 여종이 말하길 "하늘의 기운이 쫓아오더니 마침내 임신하게 되었을 뿐입니다" 하였다.

及子之産 謂爲不祥 捐圈則猪噓 棄欄則馬乳 而得不死 卒爲扶餘之王
급자지산 위위블상 연췬즉처허 기란즉마욱 이득블사 졸위부여지왕

이내 아이를 낳았다. 왕은 불길하다며 돼지우리에 버렸는데 돼지
들이 입김을 불어 따뜻하게 해주었다. 마구간에 버렸더니 말들이
젖을 먹여주어 죽지 않았다. 끝내는 부여의 왕이 되었다.

卽東明帝爲卒本扶餘王之謂也
즉동명체위졸본부여왕지위야

즉 동명임금이 곧 졸본부여의 왕이다.

此卒本扶餘 亦是北扶餘之別都 故云扶餘王也
차졸본부여 역시 북부여지별도 고운부여왕야

이 졸본부여도 역시 북부여의 다른 도읍이므로 고구려의 동명제
를 부여의 왕이라고도 하는 것이다.

寧稟離 乃夫婁王之異稱也
영품리 내부루왕지이칭야

영품리는 곧 부루왕을 말하는 다른 이름이다.

◈　『삼국유사』 동명왕 부분 원문

北扶餘

古記云　前漢書宣帝神爵三年壬戌四月八日　天帝降于訖升骨城 *在大遼醫州界* 乘五龍車　立都稱王　國號北扶餘　自稱名解募漱　生子名扶婁 以解爲氏焉　王後因上帝之命　移都于東扶餘　東明帝繼北扶餘而興　立 都于卒本州　爲卒本扶餘　卽高句麗之始祖

東扶餘

北扶餘王解夫婁之相阿蘭弗　夢　天帝降而謂曰　將使吾子孫　立國於 此 汝其避之 *謂東明將興之兆也* 東海之濱　有地名迦葉原　土壤膏腴 宜 立王都　阿蘭弗勸王　移都於彼　國號東扶餘　夫婁老無子　一日祭山川求 嗣　所乘馬至鯤淵　見大石　相對俠(淚)流　王怪之　使人轉其石　有小兒 金色蛙形　王喜曰　此乃天賚我令胤乎　乃收而養之　名曰金蛙　及其長　爲 太子　夫婁薨　金蛙嗣位爲王　次傳位于太子帶素　至地皇三年壬午　高麗 王無恤伐之　殺王帶素　國除

高句麗

　高句麗 卽卒本扶餘也 或云今和州 又成州等 皆誤矣 卒本州在遼東
界 國史高麗本記云 始祖東明聖帝姓言(高)氏 諱朱蒙 先是 北扶餘王
解夫婁 旣避地于東扶餘 及夫婁薨 金蛙嗣位 于時得一女子於太伯山
南優渤水 問之 云我是河伯之女 名柳花 與諸弟出遊 時有一男子 自言
天帝子解慕漱 誘我於熊神山下 鴨淥邊室中知(私)之 而往不返 *壇君記*
云 君與西河河伯之女要親 有産子 名曰夫婁 今按此記 則解慕漱私河
伯之女 而後産朱蒙 壇君記云 産子名曰夫婁 夫婁與朱蒙異母兄弟也
父母責我無媒而從人 遂謫居于此 金蛙異之 幽閉於室中 爲日光所照
引身避之 日影又逐而照之 因而有孕 生一卵 大五升許 王棄之與犬猪
皆不食 又棄之路 牛馬避之 棄之野 鳥獸覆之 王欲剖之 而不能破 乃
還其母 母以物裹之 置於暖處 有一兒 破殼而出 骨表英奇 年甫七歲
岐嶷異常 自作弓矢 百發百中 國俗謂善射爲朱蒙 故以名焉 金蛙有七
子 常與朱蒙遊戱 技能莫及 長子帶素言於王曰 朱蒙非人所生 若不早
圖 恐有後患 王不聽 使之養馬 朱蒙知其駿者 減食令瘦 駑者善養令肥
王自乘肥 瘦者給蒙 王之諸子與諸臣將謀害之 蒙母知之 告曰 國人將
害汝 以汝才略 何往不可 宜速圖之 於是蒙與烏伊等三人爲友 行至淹
水*今未詳* 告水曰 我是天帝子 河伯孫 今日逃遁 追者垂及 奈何 於是
魚鼈成橋 得渡而橋解 追騎不得渡 至卒本州*玄菟郡之界* 遂都焉 未皇
作宮室 但結廬於沸流水上居之 國號高句麗 因以高爲氏*本姓解也 今*
自言是天帝子 承日光而生 故自以高爲氏 時年十二歲 漢孝元帝建昭
二年甲申歲 卽位稱王 高麗全盛之日 二十一萬五百八戶
　珠琳傳第二十一卷載 昔寧禀離王侍婢有娠 相者占之曰 貴而當王

王曰 非我之胤也 當殺之 婢曰 氣從天來 故我有娠 及子之産 謂爲不
祥 捐圈則猪噓 棄欄則馬乳 而得不死 卒爲扶餘之王 *卽東明帝爲卒本*
扶餘王之謂也 此卒本扶餘 亦是北扶餘之別都 故云扶餘王也 寧禀離
乃夫婁王之異稱也

◈ 일연의 『삼국유사』는

　『삼국유사』는 1281년에 승려 일연이 지은 책이다. 승려 일연은 고려 희종 2년(1206년)에 태어나 충렬왕 15년(1289년)에 사망하였다. 일연의 『삼국유사』는 김부식의 『삼국사기』와 더불어 우리나라 고대사 기록의 대표로 불린다. 『삼국사기』는 나라에서 편찬한 역사서이다. 고려 인종의 명을 받은 사관(史官)들이 김부식을 중심으로 모여 편찬을 시작하여 1145년에 완성되었다. 대개 국가적인 일과 왕실정치 중심적인 일을 다룬 역사책이다. 이에 반해 『삼국유사』는 승려로서 자신의 개인적 관심사를 중심으로 서술하였다. 그래서 그 내용에는 고대국가의 풍속과 불교에 관한 이야기가 정치사보다 많다.

　승려 일연은 어린 나이에 출가하여 20대에 승과에 장원급제하고, 고종(재위: 1213~1259) 대부터 승직에 몸을 두어 원종 대를 거쳐 충렬왕(재위: 1274~1308) 대에 이르기까지 줄곧 왕실의 승려로 일을 하면서 최고의 자리인 국존(國尊)으로까지 추대되었다. 장원급제한 그의 학문적 능력과 왕실 승려로서의 위치로 인하여 『삼국유사』는 비록 신비스러운 이야기가 많음에도 불구하고 그 내용들이 일연 개인의 창작이 아닌 전해오는 역사적 이야기를 편집한 것이라는 인정과 평가를 받고 있다. 또한 일연은 내용을 기록하면서 'ㅇ

○에 의하면, ○○에 전하길'이라고 그 출처를 자세히 밝혔다. 기록하면서 그 내용이 미심쩍거나 서로 다른 것에 대해서는 자신의 의견을 논평으로 남기기도 하였다. 그런데 불행히도 그가 『삼국유사』를 쓰면서 참고했다는 옛 서적들이 지금 모두 남아 있지는 않다. 일연 이후로 오랜 세월이 흐르면서 여러 나라가 흥망을 거듭하였고 그 와중에 여러 기록물들이 사라졌다. 때로는 각 나라마다 자신의 입장에서 다시 편찬하면서 책 제목은 같은데 내용은 다소 달라진 것 같은 역사책들이 남아 있을 뿐이다.

일연은 예(禮)와 악(樂)을 바탕으로 삼고 괴이하고 어지러운 귀신을 멀리하던 당시 학자의 입장을 견지하였다. 그러나 나라의 제왕이 탄생할 때에는 보통 사람과 다른 특별한 점이 있다는 것을 지적하면서 우리나라의 단군, 박혁거세, 동명왕 등의 신기한 일들을 『삼국유사』에 실었다.

『삼국유사』는 「단군기」와 당나라의 승려 도세가 지은 『법원주림』 중의 「주림전」을 인용하면서 『삼국사기』에는 없는 동명왕 출생 이야기를 실었다. 그 덕분에 김부식과 이규보가 전하는 내용 외에 또 다른 동명왕과 졸본부여의 관계나 주몽의 출생 및 신분에 대한 새로운 내용을 만날 수 있다.

5부 이승휴의 『제왕운기』

하늘과 땅을 오가며
통치한 동명왕

    고구려를 세운 시조는 동명왕이시다. 동명왕의 아버지는 해모수이고 어머니는 유화로, 왕은 천제의 손자이고 하백의 외손이시다.

    때는 서기전 59년 한나라 신작 3년 임술년이었다. 하늘나라 임금은 태자 해모수를 부여의 옛 도읍지로 내려보내면서 그곳 인간들을 다스리도록 명하였다. 명을 받은 천제의 아들 해모수는 다섯 마리 용이 이끄는 수레를 타고, 그를 따르는 시종 100여 명은 모두 흰 고니를 타고 지상으로 내려왔다. 하늘임금의 명을 받고 내려온 곳은 웅심산이었다. 따라온 시종들은 웅심산 궁궐의 높고 넓은 대(臺) 위에서 임금과 신하의 예를 갖추어 성대한 의식(儀式)을 치르고 해모수를 부여의 왕으로 받들었다.

    하늘에서 내려온 부여의 왕 해모수가 웅심산에서 사냥을 하다가 근처 우발수 강가에 나와서 노닐고 있는 하백의 세 딸을 보았다. 해모수왕은 그중의 첫째인 유화를 붙잡아 정을 통하였다. 그런데 유화와 정을 통한 해모수왕은 하늘의 궁으로 돌아가더니 다시 돌아오지 않았다. 하백의 딸 유화는 맑은 우발수 강가에 홀로 남겨진 채 살아가게 되었다.

한편 부여의 왕이 된 금와는 나라 곳곳을 순시하고 있었는데 우발수 강가에 이르러 젊은 여인 유화를 만났다. 그리고 그녀가 그곳에서 홀로 지내게 된 이유가 해모수왕 때문임을 알게 되자 자신의 궁전으로 모셔 와 별궁을 지어 살게 해주었다. 별궁에 살게 된 유화는 그 후로 아이를 낳았다. 그런데 기이하게도 왼쪽 옆구리로 닷되 크기 정도로 큰 알(약 3kg 정도) 하나를 낳았다. 태어난 알은 구름이 잔뜩 낀 흐린 날인데도 수정같이 맑은 빛을 내며 깨지더니 그 속에서 사내아이가 나왔다. 알을 깨고 나온 아이는 몇 개월 만에 말을 하기 시작했으며, 점점 제왕의 기상과 재능을 보였다. 특히 활을 잘 쏘아 이름이 주몽이 되었는데, 당시 부여에서는 활 잘 쏘는 사람을 주몽이라고 불렀기 때문이다.

부여의 태자 대소가 주몽의 뛰어난 재주를 시기하여 왕에게 주몽을 헐뜯으며 하소연하였다. 그러자 대소의 말을 들은 금와왕은 주몽에게 말 돌보는 천한 일을 시켰다. 주몽은 묵묵히 말들을 살찌게 잘 돌보았다. 그러나 왕명으로 마구간을 관리하게 되자 속으로는 이제 부여를 떠나야겠다고 마음먹었다. 마침내 때가 되었음을 느끼고 뜻을 같이한 친구들과 큰 강인 개사수를 건너 부여 땅을 벗어나려 하자, 개사수의 물고기와 자라 떼가 나타나 다리를 놓아주었다. 주몽은 안전하게 그 강을 건너 부여를 떠날 수 있었다.

때는 서기전 37년, 한나라 건소 2년 갑신년이었다. 마한 땅에 이르러 왕검성에 도읍을 세우고, 나라 이름을 고구려라고 하였다. 당시에 '구려'는 평범한 마을 이름이었는데 구려 마을에서 왕이 처음 탄생했으므로, 그곳을 특별히 높고 숭고한 구려 마을이라는 뜻을 나타내기 위해 높고 크다는 뜻의 '고(高)'를 붙여 고구려라고 한 것이다. 그리고 같은 뜻으로 자신의 성도 '고'라고 하여 이때부터 고주몽이 되었다.

　주몽이 나라를 세우자 하늘에서 사람을 보내 궁궐을 세우시니 산과 계곡은 모두 컴컴해지고 사람은 보이지 않는 채 망치 소리만 쩡쩡거리며 요란하였다. 하늘에서 온 사람들을 어찌 볼 수 있으랴! 그렇게 7일이 지나고 산과 계곡을 어둡게 했던 구름과 안개가 걷히더니 금색 찬란하고 울긋불긋한 단청으로 단장한 새 궁궐이 높이 솟아 있었다. 오이·마리·협보 세 친구가 신하 되어 주몽을 받들어 다함께 고구려를 일으키니, 그들의 덕(德)과 공로는 누가 더 많다 할 것 없이 똑같았다.

　새 나라 고구려와 이웃한 비류국의 송양은 나라 먼저 세운 것을 내세우며 주몽을 복속시키려 하였으나 주몽은 굴하지 않았다. 이때 심한 비가 비류에만 내려 도읍이 잠기고 백성이 가라앉으니 하늘임금의 뜻인가! 놀란 송양이 나라를 들어 바치며 고구려에 항복하고 주몽에게 신하로서 충성을 맹세하였다. 마침내 주변을 모두 아우른 왕은 이제 하늘과 땅을 오가며 하늘의 정치에도 나아가게 되었다. 왕은 나라의 동쪽에 있는 신성한 기린굴(麒麟窟)의 조천석(朝天石)

에서 말을 타고 하늘을 오르내리시며 백성을 돌보셨다.

왕위(王位)에 계신 지 19년 9개월 만에 하늘에 오르시더니 다시 내려오시지 않았다. 성스러운 아드님 태자 유리는 왕이 부여를 떠날 때 부인의 배 속에 있었는데 이때에 와서 왕위를 계승하셨다. 왕이 남기신 옥채찍을 묻어 장례를 치르고 용산(龍山)에 왕의 능을 만들었다.

이후로 가지와 잎이 무성하게 자라듯 왕의 자손 또한 번성하니, 바야흐로 시대는 맑고 깨끗한 강물이 흐르는 듯 편안하였다.

◈ 『제왕운기』 동명왕 부분 원문 음과 번역

高句麗紀

고구려기

麗祖姓高 *王初誕 而擧國高之 因以爲姓* 謚東明

려조성고왕초탄 이거국고지 인이위성시동명

고구려 시조의 성은 '고'이다. 왕이 처음 탄생한 나라라 귀하고
높다는 뜻으로 '높고 귀하다, 뛰어나다'라는 뜻의 고(高)를 나라 이
름에 썼는데, 같은 이유로 성도 '고'라고 하였다. 시호는 동명이다.

善射故以朱蒙名 *扶餘人 名善射爲朱蒙*

선사고이주몽명 부여인명선사위주몽

활을 잘 쏘아 '주몽'이 이름이 되었다. 당시 부여 사람들은 활 잘
쏘는 사람을 주몽이라고 불렀다.

父解慕漱母柳花 皇天之孫河伯甥

부해모수모유화 황천지손하백생

아버지는 해모수이고 어머니는 유화이다. 하늘임금의 손자이며
하백의 외손자이다.

本紀云 漢神雀三年壬戌 天帝遣太子解慕漱 遊扶餘王古都

본기운 한신작 3년임슐 쳔쳬견태자해모수 유북여왕고도

(고구려)본기(당시 국사로 널리 읽히는『삼국사기』를 말한다)에 따르면, 한나라 신작 3년 임술년에 하늘임금이 태자 해모수를 부여의 옛 도읍지에 보내어 부여의 왕으로 삼았다고 한다.

乘五龍車 從者百餘人 皆乘白鵠云云

승오룡거 종자백여인 개승백고운운

하늘의 태자 해모수는 다섯 마리 용이 이끄는 수레를 타고 따르는 무리 100여 명은 모두 흰 고니를 타고 내려왔다고 한다.

臺上立君臣之禮 獵於熊心山 河伯三女 出遊優渤之河

대상입군신지례 렵어웅심산 하백 3녀 츌유우발지하

궁궐의 드넓은 대 위에서 임금과 신하의 예를 갖추어 왕으로 즉위하였다. 웅심산에서 사냥을 하다가 우발수가에 나와 노는 하백의 세 딸을 보았다.

長女柳花爲王所止云云 文順公東明詩云 天孫河伯甥

장녀유화위왕소지운운 문슌공동명시운 쳔손하백생

해모수왕이 하백의 장녀 유화를 붙잡고 이런저런 이야기를 하였다. 문순공 이규보는 「동명왕」 시에서 동명왕을 천제의 손자이고 하백의 외손자라고 하였다.

父還天宮不復返 母在優浡淸江汀 扶餘國王名金蛙 爲開別館相邀迎

부환천궁불복반 모재우발청강정 부여국왕명금와 위개별관상오영

아버지는 하늘의 궁으로 돌아가 다시 오지 않았고, 어머니는 맑은 강 우발수에 남아 있었다. 부여 왕 금와가 유화부인을 보더니 별궁에 모셨다.

五升大卵左脅誕 陰雲之日生陽晶 兒生數月能言語 漸至壯大才豪英

오승대란좌협탄 음운지일생양정 아생수월능언어 점지장대재호영

다섯 되나 되는(대략 3kg 정도이다) 커다란 알로 유화부인의 왼쪽 옆구리에서 탄생하셨다. 구름 잔뜩 낀 흐린 날에 수정처럼 빛나며 알을 깨고 태어나셨다. 아이는 수개월 만에 벌써 말을 잘하더니, 자라면서 점점 영웅호걸의 재능을 보였다.

時王太子生妬忌 譖令牧馬驅馹馹

시왕태자생투기 참령목마구경경

그러자 부여의 태자가 시기하여 왕에게 주몽을 헐뜯으며 하소연하였다. 이에 왕은 주몽에게 말이나 관리하라고 명령하였다. 주몽은 말들을 살찌게 잘 돌보았다.

王來欲渡蓋斯水 今大寧江也 魚鼈化作橋梁橫

왕래욕도개사수 금대녕강야 어별화작교량횡

왕이 개사수를 건너려 하니, *지금(1287년경, 이승휴 당시)의 대녕강이다.* 물고기와 자라가 다리를 만들어주었다.

漢元立昭二甲申 *羅之□□一年也* 開國馬韓王儉城 *今西京也*

한원립쇼 2갑신 *라지□□1 년야* 개국마한왕검성 *금셔경야*

한나라 원제가 다스리던 건소 2년이고 갑신년이다. *신라(혁거세가 왕이 된 지 21년 된) 때이다.* 마한 땅 왕검성에 나라를 세웠다. *지금(1287년경, 이승휴 당시)의 서경이다.*

以高句麗縣名立國 五代史曰 高句麗扶餘別種也

이고구려현명입국 오대사왈 고구려부여별종야

구려라는 마을을 귀하고 높이 여긴다는 의미로 나라 이름을 높이 우러러보는 귀한 구려, 고(高)구려(句麗)라고 하였다. 중국의 오대사 책에는 고구려를 부여의 별종이라고 하였다.

天遣人來立宮闕 山昏谷暗聞丁丁 爲七日已雲霧捲 金碧嵯峨磨新晴

쳔견인래입궁궐 산혼곡암문졍졍 위 7일이운무권 금벽비아마신쳥

하늘에서 사람을 보내 궁궐을 세우게 하시니, 산과 계곡이 모두 어두운데 망치 소리만 들렸다. 칠 일 만에 구름과 안개가 걷히더니 금색 찬란한 새 궁궐이 높이 솟아 있었다.

烏伊摩離與陜父 三臣同德聊贊成 沸流國王松讓者 禮以後先開國爭

오이마리여협보 3신동덕경찬성 비류국왕승양자 예이후션개국쟁

오이, 마리, 협보 세 명의 신하들이 모두 한결같은 덕으로 함께 힘써 나라를 이루었다. 비류국 송양이 나라 먼저 세운 것을 내세워 예를 갖추어 복종하라며 시비를 걸었다.

尋爲大雨所漂突 擧國款附輸忠誠 往來天上詣天政 朝天石上驕蹄輕

심위대우소표돌 거국관부수충성 왕래천상예천정 조천석상인체경

심한 비가 내려 비류만 온통 잠기게 하니 송양이 나라를 들어 바치며 충성을 맹세하였다. 왕은 하늘을 오르내리며 하늘의 정치에도 참여하시니, 조천석 위를 밟고 오르는 말발굽도 가벼웠다.

在位十九年九月 升天不復迴雲軿

재위 19년 9월 승천불복회운병

왕위에 오르신 지 19년 9개월 만에 하늘에 오르시더니 다시 내려오시지 않았다.

聖子類利 *在扶餘時* *婦所孕者* 來嗣位 葬遺玉鞭成墳塋 *今龍山墓也*

성자유리 *재부여시* *부소잉자* 래사위 장유옥편성분영 *금용산묘야*

성자 유리는 주몽이 부여에 있을 때 부인의 배 속에 있었는데, 자라서 왕을 찾아와 왕위를 계승하였다. 유리는 왕이 남긴 옥채찍을 묻어 능을 만들고 장례를 모셨다. *지금의 용산에 왕의 묘가 있다.*

枝繁葉茂承承理 時與江水爭澄淸

지번엽무승승리 시여강수쟁징청

가지와 잎이 무성하게 자라듯 자손이 번성하니, 바야흐로 때는 맑고 깨끗한 강물 흐르듯 편안하였다.

◆ 『제왕운기』 동명왕 부분 원문

高句麗紀

麗祖姓高 王初誕 而擧國高之 因以爲姓 諡東明 善射故以朱蒙名
扶餘人 名善射爲朱蒙 父解慕漱母柳花 本紀云 漢神雀三年壬戌 天帝
遣太子解慕漱 遊扶餘王古都 乘五龍車 從者百餘人 皆乘白鵠云云 臺
上立君臣之禮 獵於熊心山 河伯三女 出遊優渤之河 長女柳花爲王所
止云云 文順公東明詩云 天孫河伯甥 皇天之孫河伯甥 父還天宮不復
返 母在優渤淸江汀 扶餘國王名金蛙 爲開別館相邀迎 五升大卵左脅
誕 陰雲之日生陽晶 兒生數月能言語 漸至壯大才豪英 時王太子生妬
忌 譖令牧馬驅駬駬 王來欲渡蓋斯水 今大寧江也 魚鼈化作橋梁橫 漢
元立昭二甲申 羅之□□一年也 開國馬韓王儉城 今西京也 以高句麗
縣名立國 五代史曰 高句麗扶餘別種也 天遣人來立宮闕 山昏谷暗聞
丁丁 爲七日已雲霧捲 金碧峻巘磨新晴 烏伊摩離與陝父 三臣同德聊
贊成 沸流國王松讓者 禮以後先開國爭 尋爲大雨所漂突 擧國款附輸
忠誠 往來天上詣天政 朝天石上驂蹄輕 在位十九年九月 升天不復迴
雲軿 聖子類利 在扶餘時 婦所孕者 來嗣位 葬遺玉鞭成墳塋 今龍山墓
也 枝繁葉茂承承理 時與江水爭澄淸

◆ 7언시 동명왕

高句麗紀

고구려기

麗祖姓高諡東明	려조성고시동명
善射故以朱蒙名	선사고이주몽명
父解慕漱母柳花	부해모수모유화
皇天之孫河伯甥	황천지손하백생
父還天宮不復返	부환천궁불복반
母在優淳淸江汀	모재우발청강정
扶餘國王名金蛙	부여국왕명금와
爲開別館相邀迎	위개별관상요영
五升大卵左脅誕	오승대란좌협탄
陰雲之日生陽晶	음운지일생양정
兒生數月能言語	아생수월능언어
漸至壯大才豪英	점지장대재호영
時王太子生妬忌	시왕태자생투기
譖令牧馬驅駉駉	참령목마구경경
王來欲渡蓋斯水	왕래욕도개사수

魚鼈化作橋梁橫	어별화작교량횡
漢元立昭二甲申	한원립소 2갑신
開國馬韓王儉城	개국마한왕검성
天遣人來立宮闕	천견인래입궁궐
山昏谷暗聞丁丁	산혼곡암문정정
爲七日己雲霧捲	위칠일이운무권
金碧峻屼磨新晴	금벽비울마신청
烏伊摩離與陜父	오이마리여협보
三臣同德聊贊成	삼신동덕요찬성
沸流國王松讓者	비류국왕송양자
禮以後先開國爭	예이후선개국쟁
尋爲大雨所漂突	심위대우소표돌
擧國款附輸忠誠	거국관부수충성
往來天上詣天政	왕래천상예천정
朝天石上驎蹄輕	조천석상인제경
在位十九年九月	재위십구년구월
升天不復迴雲軿	승천불복회운병
聖子類利來嗣位	성자유리래사위
葬遺玉鞭成墳塋	장유옥편성분영
枝繁葉茂承承理	지번엽무승승리
時與江水爭澄淸	시여강수쟁징청

◈ 시로 읽어보는 동명왕

고구려 시조의 성은 '고'씨요, 시호는 동명이라.
활을 잘 쏘아 '주몽'이 이름 되었네.

아버지는 해모수요, 어머니는 유화라
천제의 손자이고 하백의 외손이라네.
아버지 하늘 궁으로 가 버리고
어머니 홀로 맑은 우발수에 남았네.

부여 왕 금와
유화부인을 별궁에 모시니
수박만 한 큰 알을 왼쪽 옆구리로 낳으셨네.
구름 낀 흐린 날에 수정같이 밝은 빛 내며 알에서 탄생하시고,
태어난 지 수개월 만에 말을 하더니,
자랄수록 영웅호걸의 기상이네.

부여 태자 시기하고
험담하여 말 치는 하인 만드니
말들을 살뜰히 살찌웠네.

왕이 부여를 떠나려고 개사수에 이르니
물고기와 자라가 다리를 놓아주었네.
한나라 원제 건소 2년 갑신년,
마한 땅 왕검성에 나라를 여니,
오이, 마리, 협보
세 신하의 덕이 크구나.

하늘이 사람을 보내 궁궐을 지으니
산과 계곡 컴컴한데 망치 소리만 '쩡쩡'
7일 만에 어두운 운무 걷히더니
금빛 찬란한 궁궐 솟았도다.

비류왕 송양
나라 먼저 세웠다며 복종하라 시비 걸더니
갑작스러운 큰비에 비류만 잠기니
송양은 충성을 맹세하며 항복하더라.

하늘나라 오르내리며 정사(政事) 돌보니
조천석 디디는 말발굽도 가볍다.

재위 19년 9개월째에
하늘에 오르시더니
다시 오지 않으셨네.
성자 유리 왕위를 계승하고

남기신 옥채찍 묻어 능을 만드셨네.
가지와 잎 번성하듯 자손 이어지고
맑은 강물 흐르듯 편안한 세월 되었네.

◈ 이승휴의 『제왕운기』는

　이승휴는 고려 고종 11년(1224년)에 태어나 충렬왕 26년인 1300
년에 사망한 문신이다. 안으로는 고려의 왕권이 무신(武臣)들 힘에
좌지우지되던 시기이고, 밖으로는 새로운 제국으로 부상하는 몽골
과 대치되는 시기였다. 20대 후반인 1252년 과거에 합격했지만 몽
골의 침입으로 국토는 유린되었고 관직의 길은 막혔다. 수도는 강
화도로 옮긴 상태로 행정이 제대로 이루어지지 않아 10여 년의 세
월을 강원도에서 농사를 지어 어머니를 모시며 살았다.

　뒤늦게 관직에 등용되어서는 문장 짓는 글솜씨를 인정받아 원종
(재위: 1259~1274)과 충렬왕(재위: 1274~1308) 시대에 대륙을 지
배하는 원(元)나라와 고려의 관계 형성에 큰 역할을 하였다. 원나라
와 원만한 관계 형성과 부정부패한 관리 제거를 왕에게 간하면서
왕의 올바른 역할을 충언하였다. 직언으로 충렬왕의 미움을 받아
몇 번의 파직을 당하였으나 그래도 뛰어난 능력을 인정받아 다시
등용되곤 하였다.

　충렬왕 13년, 파직되어 관직에서 물러나 있던 1287년에 저술한
『제왕운기』는 한 편의 역사 서사시이다. 상권에서 세상 창조부터

원나라에 이르기까지 역대 중국 왕조를 일으킨 제왕들의 행적을 7언시로 정리하였다. 하권에서는 우리나라 왕조를 개창한 모든 제왕들을 단군조선부터 고려의 왕건까지 7언시로 간략하게 읊었다. 이에 더하여 고려의 역사는 다시 국부(國父) 왕건부터 당대인 충렬왕까지의 행적을 모두 읊었는데, 고려사는 5언시의 형태로 따로 구분하였다.

이승휴는 『제왕운기』 중 「고구려기」편에서 고구려를 세운 제왕으로서 동명왕을 소개하고 있다. 대부분 이규보가 보았다는 『구삼국사』의 내용과 거의 일치하여 『구삼국사』의 존재를 한 번 더 확인시켜 준다. 또 조천석을 언급하여 동명왕 때 정치에서 하늘의 영향이 컸음을 알 수 있게 해준다.

이승휴의 『제왕운기』는 문학사적인 면에서도, 역사적인 면에서도 당대 고려시대 유학자들의 의식과 학문세계를 알려주는 또 하나의 귀중한 역사 서사시이다.

끝내는 말 ◆

　동명왕에 대해서 남아 있는 우리나라의 기록 가운데 가장 오래된 것은 중국에 있는 '광개토대왕릉비'다. '광개토대왕릉비'는 서기 414년 고구려의 제20대 장수왕이 아버지 광개토대왕의 업적을 기리기 위해 왕릉 앞에 세운 비석이다. 비문은 고구려를 세운 동명왕의 위엄과 업적을 칭송하는 것으로 시작되는데, 여기서는 동명왕을 추모왕으로 적고 있다. 비문 자체가 광개토대왕의 공덕을 기리기 위한 것이기 때문에 동명왕에 대한 이야기는 짧지만 고구려인 스스로가 남긴 동명왕에 대한 기록으로 가치가 높다. 5세기 무렵 고구려 고위 관리를 지낸 '모두루'의 것으로 알려진 '모두루묘지명'에도 동명왕 이야기가 나오지만 광개토대왕릉비문에 있는 내용과 거의 같아 새로운 것은 없다.

　동명왕에 대한 기록은 고려시대에 집중되어 있다. 먼저 1145년에 완성된 『삼국사기』가 있다. 고려 인종(재위: 1122~1146)은 정치가이자 문인이던 김부식에게 우리나라 고대사를 정리하도록 명하였다. 『삼국사기』에서 동명왕 이야기는 고구려본기와 백제본기에 등장하는데, 그 내용은 약간씩 차이가 있다. 김부식은 동명성왕이라 부르는 인물에 대해 예로부터 서로 다른 이야기가 전해오는데, 그 가운데 어느 것이 옳은지 알 수 없으므로 옛 기록에 있는 이야기를 그대로 옮겨 적는다고 하였다.

1193년 26세의 젊은 나이에 이규보가 쓴 「동명왕편」에는 김부식이 『삼국사기』에 미처 담지 못한 내용까지 포함되어 있다. 이규보는 보다 풍부해진 동명왕 이야기를 오언시라는 문학적 형식을 빌어 역사 서사시로 남긴 것이다.

고려 충렬왕 7년(1281년)과 13년(1287년)에 나온 『삼국유사』와 『제왕운기』에도 동명왕 이야기가 실려 있다. 왕명을 받고 『삼국사기』를 집필한 김부식과 달리 일연은 개인적인 관심에서 『삼국유사』를 서술하였기 때문에, 공적 역사서인 『삼국사기』보다 틀에 얽매이지 않고 자유롭게 세간에 떠도는 여러 이야기를 모두 담았다. 그렇기 때문에 『삼국유사』에는 『삼국사기』에 없는 내용들이 여럿 있다.

한편 이승휴가 쓴 『제왕운기』는 이규보의 「동명왕편」 내용과 함께 동명왕의 정치적 활약을 읊으면서 이규보가 읽었다는 『구삼국사』의 존재를 한 번 더 확인시켜 준다.

동명왕 주몽은 고구려를 세운 왕으로, 여러 사람이 지은 위인전에 그의 출생과 나라를 건국한 과정은 신화처럼 신비하고 환상적으로 소개되어 있다. 하늘나라 임금이 나오고 날아다니는 용, 물속의 궁전이라든가 물의 신 등이 나와 상상과 현실이 섞여 있다. 새를 타고, 용이 끄는 수레를 타고, 물고기가 놓아준 다리를 건너고, 궁전이 뚝딱 지어지기도 하니 상상만 해도 즐거운 광경이다. 그런데 상상력 풍부한 이런 이야기가 오늘날 그저 꾸며진 것이 아니라 저 옛날 이미 왕의 업적을 기록한 『광개토대왕릉비문』에, 삼국시대에 지어진 옛 우리 역사책『구삼국사』에, 그 이야기를 다시 옮긴 고려 시대 역사책『삼국사기』와『삼국유사』에, 역사 서사시「동명왕편」 과『제왕운기』등에 담긴 내용으로 그 시대를 살았던 지식인들이 남긴 글에서 시작된 것임은 제대로 알려지지 않았다. 이제 동명왕 을 어린이를 위한 상상이나 신비한 동화의 세계에서만 볼 것이 아 니라 역사 속 시간과 공간 속에서 살펴보면서 그 당시 시대와 사회 를 이해하며 의미를 새겨보는 학문적 자세가 더 크게 더 넓게 확장 되는 것도 필요하다.

동명왕 주몽에 대한 역사적 기록을 누구나 쉽게 읽어볼 수 있는 기회를 만들어보려는 의도에서 이 글이 시작되었다. 부족한 한문 실력이지만 용기를 내어 동명왕에 대한 사료를 읽으며 직역하고, 이를 바탕으로 의역을 덧붙였다. 의역이라 함은 동명왕에 대한 문 헌이 역사적 기록이라는 점에 주목해서 그 내용을 직역하는 것에서 나아가 시대적 배경과 역사적 상황을 부연 설명했다는 의미다. 역 사적 이야기는 단순히 글자 그대로 번역하는 것으로 만족할 수는 없다. 역사적 사실은 혼자 다니지 않는다. 배경과 의미 그리고 담겨 있는 상징들을 종합적으로 파악하지 않으면 참모습을 제대로 파악 할 수 없고 경우에 따라서는 엉뚱하게 이해할 수도 있다.

이 글은 그동안 한자 풀이와 문학적 해석에 더욱 충실했던 동명 왕 이야기 사료(史料)에 역사학도로서 한자(漢字)의 정확한 해석뿐 만이 아니라 지금 우리에겐 낯선 그 시대의 사상과 문화적 배경, 역사적 뒷배경도 곁들여 의역하는 데 힘썼다.

이 글이 역사에 관심을 갖고 있는 분들에게 원전을 통해 동명왕의 본모습을 만나보고, 『광개토대왕릉비문』, 『삼국사기』, 『삼국유사』, 「동명왕편」과 『제왕운기』 등 다섯 종류의 사료를 직접 대하면서 그때그때 역사 서술의 특징도 나름대로 느껴보았으면 한다. 하늘임금이나 오룡거, 물의 신 등은 동서양 고대 역사 서술에서 공통적으로 표현하는 서술 방식이다. 아마도 옛사람들이 성인(聖人)과 제왕(帝王)은 보통 사람과는 다르다는 것을 기록하는 방법이었으리라. 끝으로 미흡한 글이나마 이로써 우리의 역사와 옛 기록에 관심을 갖는 계기가 되길 바라며 또한 누군가의 세심한 손길과 연구로 더 좋은 글들이 계속 나오길 바란다.

김호숙 ―――――――――――――――――――――――――――――

독일 Friedrich-Alexander-Universität Erlangen-Nürnberg 철학박사 수료(역사교육/박물관교육)
중고등학교 역사교사
대학 강의교수

마석한 ―――――――――――――――――――――――――――――

독일 Friedrich-Alexander-Universität Erlangen-Nürnberg 철학박사(역사학/교육학)
서정대학교 유아교육과 교수
저서:『나의 역사인문학』『걸어온 역사 나아갈 역사』『생각하고 쓰고 다듬는 글쓰기』
『어떤 부모가 되어야 하는가』(공저)『인문학카페』(공저)

역사 고전으로 만나는
주몽, 동명왕

초판발행 2020년 12월 21일
초판 2쇄 2021년 3월 31일

지은이 김호숙, 마석한
펴낸이 채종준
펴낸곳 한국학술정보㈜
주소 경기도 파주시 회동길 230(문발동)
전화 031) 908-3181(대표)
팩스 031) 908-3189
홈페이지 http://ebook.kstudy.com
전자우편 출판사업부 publish@kstudy.com
등록 제일산-115호(2000. 6. 19)

ISBN 979-11-6603-216-5 93910